513.

(Cauverin à Genève)

14 86

L'Occultisme
et le
Spiritualisme

L'OCCULTISME ET LE SPIRITUALISME

L'OCCULTISME

ET

LE SPIRITUALISME

EXPOSÉ DES THÉORIES PHILOSOPHIQUES
ET DES ADAPTATIONS DE L'OCCULTISME

PAR

G. ENCAUSSE (PAPUS)

Docteur en Médecine de la Faculté de Paris
Directeur de l'École supérieure libre des Sciences Hermétiques

———

PARIS

FÉLIX ALCAN, ÉDITEUR

ANCIENNE LIBRAIRIE GERMER BAILLIÈRE ET Cⁱᵉ

108, BOULEVARD SAINT-GERMAIN, 108

—

1902

A J.-J.-B. JACOB

Auteur de l'*Esquisse du Tout universel*.

GHER MAITRE ET CHER AMI,

Permettez-moi de vous dédier ce modeste essai philosophique composé et mis au point dans le merveilleux chalet des Vosges où les fervents des mystères alchimiques de la Rose s'unissent en si hautes causeries aux ardents chevaliers de la croix du Christ. Ceux qui choisissent et n'acceptent pas les candidatures, ceux qui se dévouent au Grand Œuvre spirituel, savent reconnaître en vous un de leurs enfants; et moi-même, pauvre voyageur sur la route du mystère, je suis heureux de sentir la similitude de vos enseignements et de ceux de mes maîtres, pour la plus grande gloire du Christ venu en chair.

Dr PAPUS.

Sept. 1901.

ENGAUSSE.

INTRODUCTION

Il semble, au premier abord, qu'il faut un peu le courage du désespoir pour venir parler encore de philosophie spiritualiste à notre époque de science positive et au moment où la psycho-physiologie semble devoir embrasser dans son domaine d'expériences tout ou presque tout ce qui appartenait jusqu'ici à la philosophie classique.

Ce qui nous donne ce courage, c'est que nous avons nous-même passé par cette phase de positivisme matérialiste et que nous en sommes sorti, comme en sortiront, à notre avis, tous ceux qui trouveront dans la science elle-même les réponses aux premières objections soulevées par les études scientifiques contre la vague métaphysique et les affirmations sans preuves qui constituent la philosophie spiritualiste classique de Cousin et de ses successeurs.

La voie qui nous a conduit à nos conceptions actuelles concernant l'Homme, l'Univers et Dieu, est loin d'être nouvelle puisqu'elle se rattache à ces idées enseignées dans les temples d'Egypte dès 2600 avant Jésus-Christ et qui ont constitué plus tard le Platonisme et, en grande partie, le néo-platonisme.

Or, devant les difficultés qu'éprouve le positivisme matérialiste à donner une explication de faits psychologiques qui se multiplient à l'heure présente comme ceux qui se rapportent à l'intuition, à la télépathie, aux rêves prophétiques et aux transformations de la matière sous l'influence de cette force émanée de l'homme et appelée psychique, devant ces difficultés, les chercheurs de bonne foi en sont venus à demander autre chose que les injures, les négations ou les évocations de coïncidences ou d'hallucinations qui cachent un dépit mal dissimulé.

Beaucoup de ces chercheurs se sont adressés à cette antique philosophie des Patriarches, des initiateurs égyptiens de Moïse, des Gnostiques et des Illuminés chrétiens, des Alchimistes et des Rose-Croix, qui jamais n'a varié dans ses enseignements à travers les siècles et qui explique aujourd'hui aussi facilement les faits du spiritisme et de l'hypnose profonde qu'elle expliquait lors de la dix-huitième dynastie égyptienne les rapports du *Kha* et du *Khou*, du corps physique et du corps lumineux dans leur action sur le *Bal*, sur l'Esprit intelligent. Cette philosophie est connue actuellement sous le nom d'occultisme et c'est sa manière d'envisager le spiritualisme que nous devons résumer de notre mieux dans les pages suivantes.

Mais une chose nous épouvante : c'est un traité ou mieux un exposé de philosophie que nous sommes amené à faire et nous sommes un bien piètre philosophe, ainsi que les critiques avisés ne manqueront pas de le faire remarquer.

Les études de médecine, telles qu'elles sont comprises à l'heure actuelle, font de rares cliniciens, de vagues anatomistes, quelques physiologistes, mais pas de philosophes au sens élevé de ce mot.

Nous ne parlerons pas du lycée qui fait faire aux aspirants bacheliers quelques mois d'histoire de la philosophie panachés de métaphysique enfantine ; comme tout ce que fait le lycée, il faut le refaire plus tard, si on veut en tirer un réel profit.

Il reste les études théologiques, les séminaires et les hautes études laïques de la Sorbonne et du Collège de France. Les élèves de saint Thomas et ceux de Renan.

C'est entre eux et les physiologistes que se livre le combat de la pensée contemporaine. Nous n'avons pas, pour notre part, à prendre parti d'un côté plus que de l'autre.

A l'encontre de beaucoup de créateurs de systèmes philosophiques, qui commencent leur traité par la démolition systématique des systèmes de leurs prédécesseurs et par l'affirmation qu'ils apportent enfin la vérité intégrale, jusqu'à ce qu'ils subissent le sort desdits prédécesseurs, nous venons déclarer tout d'abord que nous n'avons rien créé d'original et que notre rôle consiste à résumer, en l'adaptant à notre époque, une philosophie très ancienne.

Si notre faible plume trahit quelquefois la Sagesse qu'elle est chargée de traduire, nous prions les chercheurs de recourir aux originaux et de n'attribuer les erreurs qu'à notre ignorance et à notre manque d'éloquence. C'est cette garantie qui, seule, nous donne le courage de mener jusqu'au bout une tâche qui nous paraît au-dessus de nos forces.

Si les quelques pages suivantes poussent certains esprits à lire de plus près les maîtres dont nous ne sommes qu'un obscur disciple, si les chercheurs sérieux se rendent compte que l'occultisme est mieux que cet ensemble d'idées vagues et obscures sous lesquelles ses adversaires cherchent à l'accabler, si, enfin, on pressent l'unité que cette philosophie inspiratrice, par les centres initiatiques, de Spinosa, de Gœthe, de Leibniz et de tant d'autres, apporte dans la querelle de la Science et de la Croyance, alors notre modeste essai aura largement atteint plus que son but.

CHAPITRE PREMIER

PSYCHOLOGIE

Situation de la Philosophie des Occultistes devant le Matérialisme et la Théologie. — Caractéristique de l'Occultisme en philosophie. — La psychologie de l'occultisme. — Le Corps astral montrant le passage de l'Esprit (moi) au corps (non-moi). — La Constitution de l'Être humain en trois principes. — Analyse des principes et adaptation psychologique et anatomique. — Constitution de l'être humain et analyse des autres principes. — Le corps physique. — Le corps astral. — L'être psychique. — L'esprit conscient.

La Philosophie spiritualiste, telle que la comprennent les classiques, a toujours été caractérisée par un extrême dédain du fait anatomique et de la loi physiologique. Sous prétexte que l'Esprit est seul formateur de la Matière et qu'il n'a qu'à lui dicter ses lois, sans les subir, un axiome, à base syllogistique ou non, était considéré comme bien plus probant qu'une expérience quelconque. De là les subtilités de la scholastique, les entraves apportées dans tous les systèmes philosophiques, par la Théologie et la difficulté éprouvée par l'Esprit humain à sortir de ses lisières et à reprendre sa liberté au milieu de tous ces obstacles créés, dès le xv⁰ siècle, par la non-compréhension de l'*Ars Magna*

de Raymond Lulle, qui avait régi les Esprits pendant
près de trois siècles, ce qui est bien beau pour un système philosophique doublé d'un instrument de raisonnement mécanique.

Rompant avec la base expérimentale que possédaient
les hermétistes et les alchimistes, les théologiens noyè-
rent l'Esprit humain sous les déluges d'une métaphysique aussi creuse que prétentieuse qu'on ne retrouve
plus aujourd'hui dans toute sa grandeur qu'au Sémi-
naire, où elle éloigne les cerveaux des futurs prêtres de
l'observation réelle des lois de la Nature.

Si Descartes a plus été un faux pythagoricien qu'un
initié quand il a entrepris de ramener la philosophie
à l'étude des faits, en exaltant la méthode dérivée de
l'expérience en place de l'axiome métaphysique, du
moins il a tenté de sauver le cerveau en le tirant hors
de l'ornière théologique. Les œuvres de l'abbé de Villars et surtout ses dissertations énoncées par le comte
de Gabalis montrent avec quelle défiance les Rose-Croix
de l'époque étudiaient la révolution philosophique ten-
tée par Descartes.

Il faut donc tout d'abord ne pas confondre le Spiritualisme des occultistes contemporains avec ces idées
purement métaphysiques. Les occultistes peuvent, en
entrant dans les habitudes des mystiques, énoncer des
affirmations qui paraîtront folles ou très hypothétiques
aux contemporains, du moins ces affirmations seront
appuyées par l'étude d'un fait, d'où les déductions seront tirées par la méthode analogique. Ainsi, quoi de
plus étrange pour un astronome que d'entendre dire que
les astres sont des êtres organisés ayant leur intelligence et leurs facultés physiologiques ? C'est là cependant une affirmation des occultistes, déduite, par analogie, de l'observation attentive des faits astronomiques
et météorologiques.

Si l'on ne peut placer la philosophie occulte dans la
section de l'idéalisme pur, à cause de ses tendances

primordiales à déduire l'invisible du visible, on ne peut
davantage la rattacher au réalisme, ou au positivisme à
cause de ses envolées purement mystiques.

Après avoir suivi Spencer jusqu'au point où une vitre
sépare le connaissable et l'inconnaissable, l'occultiste
brise la vitre et, grâce à sa méthode analogique, se
lance hardiment dans ce domaine de l'inconnu aux
sens physiques de l'homme ordinaire.

C'est là ce qui rend difficile pour le critique la place
à assigner à l'occultisme en philosophie. C'est évidem-
ment un platonisme, puisque Platon personnifie la doctrine ésotérique de l'Egypte en Occident, puisque c'est
à Platon que se sont rattachés surtout les philosophes
chrétiens initiés, gnostiques et autres, les alchimistes
et certains kabbalistes chrétiens ; mais le platonisme
des occultistes s'adapte à la science positive et au caractère de chaque époque avec une telle souplesse que
la critique devient hésitante. C'est la même philosophie
générale avec sa caractéristique de la recherche de la
Trinité dans l'Homme, dans la Nature et dans Dieu, avec
son horreur du matérialisme autant que du panthéisme,
que nous verrons apparaître dans le *Livre des Morts* en
Egypte, dans les récits de Socrate divinisés par Platon,
comme dans les épîtres de saint Paul, l'évangile de saint
Jean, les écrits des gnostiques et les commentaires de
Maimonides et des kabbalistes juifs et chrétiens. C'est
cette philosophie que nous retrouverons sous couleur
d'hermétisme chez les alchimistes et adaptée à l'astrologie par Agrippa, à la physiologie humaine et naturelle
par Paracelse et à la chimie par Louis Lucas en 1860.

Quand le spiritualisme pur, à tendance exclusivement
idéaliste, se trouvera vaincu par l'expérimentalisme,
c'est à la philosophie occulte que reviendront les chercheurs indépendants.

Par contre, quand le positivisme expérimental, à tendance exclusivement matérialiste, se butte brusquement aux faits de télépathie, d'apparition photogra-

phiable, de suggestion mentale et de psychométrie, après une première période de négation absolue, de révolte violente avec invocation de la folie, de l'hallucination, de la fraude et de la bêtise humaine, il faut bien se rendre à l'évidence. Ce sont des faits qui deviennent d'autant plus certains que les appareils d'enregistrement mécanique se perfectionnent et remplacent la fragilité des sens humains, et la brutalité du fait est souveraine pour l'expérimentateur qui n'a pas sa place à défendre, même contre la vérité. C'est alors aussi que les chercheurs indépendants reviennent à la philosophie occulte.

Aussi a-t-on écrit souvent que l'occultisme fleurit aux époques de trouble politique ou philosophique.

C'est en effet par l'occultisme que les philosophes païens passent au Christianisme naissant à Alexandrie, c'est l'occultisme qui occupe Rome lors de l'invasion des Barbares, comme il occupe Byzance lors du déluge musulman ; c'est encore l'occultisme qui, par Raymond Lulle, ramène l'Université naissante à la philosophie classique et c'est, plus près de nous, l'occulte qui, par Mesmer, Cagliostro, Martinez de Pasqually et Saint-Martin occupe les esprits lors de la Révolution et inspire la philosophie des sociétés secrètes d'illuminés à toute époque.

Singulière carrière que celle poursuivie à travers les âges par cette tradition occultiste, qui demeure debout au milieu des invasions des révolutions et des catastrophes et qui, lorsque le fil de la pensée humaine semble coupé, vient brusquement renouer la chaîne, en vitalisant de nouveau sa vieille ennemie : la Philosophie.

Il faut bien l'avouer en effet, la philosophie pas plus que la théologie n'a jamais été douce aux occultistes.

Ce « système » qui renaît quand on le croit enterré sous un syllogisme vainqueur, cette « mystique » qui attire par son charme étrange des esprits de la valeur

de Spinosa, de Newton, de Gœthe et d'Auguste Comte
à la fin de sa vie (quand ses disciples le déclarent
« fou »), sans compter les maîtres en la partie comme
Cazotte et Claude de Saint-Martin, cette mystique qui
demeure fermée à la critique, dédaigneusement relé-
guée dans l'antichambre de la philosophie ordinaire,
n'était pas faite pour attirer les sympathies ardentes
de l'Université.

D'autre part, la théologie se méfie tout autant de ces
singuliers philosophes qui mêlent la prière aux expériences de chimie et qui convertissent les incrédules
par les apparitions ou les guérisons miraculeuses. Il
y a, pour le théologien, du Diable là-dessous. Et l'on
s'efforce de leur nuire davantage par quelques bonnes
calomnies, quand on ne peut plus les brûler grâce à la
sainte Inquisition. Ce sont des panthéistes, ils nient la
Personnalité Divine et la confondent avec la Nature
entière et autres billevesées, absolument fausses. Il n'y
a pas de plus grands défenseurs de l'Unité de la Personnalité Divine, hors de la Nature et hors de l'Homme
que les occultistes, mais au lieu de reléguer la Divinité
dans une sphère métaphysique, ils s'efforcent de la
sentir agissante et vivante dans la création comme dans
la créature, sans jamais confondre sa personnalité avec
ses vertus extérieures.

La philosophie occultiste n'est donc ni matérialiste,
ni panthéiste, ni purement mystique : elle est spiritualiste en ce sens qu'elle cherche à déterminer la prépon-
dérance, dans tous les plans, de l'esprit sur la matière,
mais sans nier davantage la matière que l'esprit. Tel
est son caractère général que sa méthode vient rendre
encore plus saillant.

Plus encore que les théories générales, la méthode
de l'occultisme permet de reconnaître ses adeptes sans
confusion possible à travers les époques les plus diverses.

Un philosophe rattaché par initiation ou par étude

à l'occultisme se reconnaîtra aux caractéristiques suivantes :

1° Il admet entre le moi et le non-moi, entre l'Esprit et le corps, l'existence d'un ou de plusieurs principes intermédiaires.

En général, la Trinité domine toutes les divisions secondaires et nous voyons enseigner l'existence de trois personnes en Dieu (ou de trois modalités divines) de trois principes dans l'homme, de trois plans dans la nature, synthétisés en une unité totale les renfermant tous, de là le nom de Tri-Unité donné à cette doctrine.

2° Il emploie dans ses raisonnements une méthode qui caractérise, à elle seule, l'occultisme, c'est l'analogie. Cette méthode détermine l'existence de correspondances analogiques qui jouent un rôle dans cette philosophie.

3° Il donne, dans toutes ses études, une importance toute particulière au plan ou monde invisible et à ses relations avec le plan physique ou visible. De là la tolérance absolue pour toutes les formes religieuses.

Intermédiaire ou intermédiaires entre l'Esprit et le corps, méthode analogique, étude du monde invisible, sont les caractéristiques de tout écrivain ayant étudié dans les centres occultistes. Certains s'arrêtent à une de ces études, ce sont les disciples adaptant l'occultisme à une science, à un art, à une époque déterminée ; d'autres affichent sans restriction les trois modes d'étude de l'occulte, ce sont les maitres et les classiques. Chaque philosophe reste libre d'adapter ces enseignements généraux à des détails personnels. De là l'originalité et la liberté laissées à chaque écrivain, de là les écoles diverses et l'étendue du champ à défricher pour les nouveaux venus.

Abordons maintenant avec quelques détails l'étude de chacune des caractéristiques de l'occultisme.

Le passage de l'être à l'objet, du moi au non-moi

ou du subjectif à l'objectif, de l'esprit au corps, etc.,
au moyen d'un intermédiaire, est connu en philosophie,
du moins dans son adaptation à l'homme, sous le nom
de théorie du médiateur plastique. Les traités classiques
disent pour réfuter cette opinion : « Admettre un intermédiaire, c'est reculer la difficulté au lieu de la résoudre ». Et l'on passe.

Tout l'effort des occultistes contemporains a porté
sur la solution physioloque à donner à ce problème
pour montrer qu'on avait tort de passer outre et que
cet intermédiaire entre l'Esprit immortel et le corps
physique avait, non seulement une existence propre,
mais des organes et des facultés absolument caractéristiques. C'est par la physiologie que les occultistes
contemporains tendent à résoudre ce problème de la
constitution de l'homme, qui forme une des études les
plus passionnantes de la psychologie, et le terrain
qu'ils ont choisi semble assez solide puisqu'il a pu
résister aux attaques des théologiens (dans la Société
d'études psychiques du chanoine Brettes) et à celles
des médecins matérialistes (Congrès de psychologie
de 1900 à Paris).

En effet, les théologiens enseignant que l'homme est
composé de deux principes seulement : l'Esprit immortel et le corps, sont excessivement gênés pour expliquer beaucoup de faits physiologiques dans lesquels
l'Esprit n'a rien à faire, comme ils sont également gênés
pour répondre aux questions des matérialistes qui
demandent où est l'Esprit pendant l'évanouissement,
la fièvre typhoïde, le ramollissement ou la folie.

D'autre part, les matérialistes, donnant, par un tour
de passe-passe, les facultés de la moelle au cerveau et
voulant transformer l'être humain en une mécanique,
sont aussi très gênés pour expliquer le passage de
l'influx nerveux dans des neurones qui ne communi-
quent pas entre eux, comme pour rendre compte des
faits de télépathie, de vision à distance ou des rêves

prophétiques et autres semblables. Ils font, à ce propos, des hypothèses aussi amusantes que celles des théologiens, inventant pour les neurones des facultés d'allongement impossibles à constater, et pour cause, et mettant les faits gênants sur le compte de l'hallucination ou de vagues coïncidences. Aussi l'on comprend l'acharnement des théologiens à vouloir réfuter, par des syllogismes ou des raisonnements métaphysiques, l'existence d'un intermédiaire prouvé par des faits physiologiques et admis par saint Paul (*Corpus, Anima et Spiritus*), par saint Denis l'Aréopagite comme par saint Thomas. On comprend aussi l'empressement des matérialistes à nier tout ce qui peut démontrer l'existence d'autres plans que le plan physique et d'autres états d'existence pour l'homme que la vie physique.

Aussi résumerons-nous de notre mieux cette importante question d'après le point de vue des occultistes (1).

Au point de vue physiologique, le premier et le plus important problème qui se présente est celui des rapports du principe spirituel avec le principe matériel ou des moyens d'union de l'âme avec le corps. Ceci nous amène à la définition de la constitution de l'homme telle quela comprennent les occultistes, et sur laquelle ils n'ont jamais varié leurs enseignements à aucune époque, si bien que les Égyptiens de la XVe Dynastie décrivaient les propriétés et les caractères du « Ka » ou Double lumineux exactement comme Paracelse décrit ce « corps astral » au XVIe siècle de notre ère et comme Éliphas Lévi étudie le « Double fluidique » en 1863. Pour les occultistes l'Homme est constitué par trois principes, tonalisés en une unité générale. Ces principes sont : 1° le corps physique, considéré seulement comme le produit et le support des éléments ; 2° le Corps astral, double-

_____

(1) D'après la *Science des Mages* et *Qu'est-ce que l'Occultisme?*

ment polarisé, et qui unit l'inférieur, physique, au supérieur, spirituel; 3° l'Esprit immortel. De ces éléments divers, un seul est particulier aux occultistes : c'est le second ou corps astral, les deux autres étant étudiés avec soin, le premier par les anatomistes et les physiologistes, le troisième par les psychologues et les philosophes. Cette constitution de l'homme en trois principes est si caractéristique de l'occultisme traditionnel qu'elle suffit à déterminer ses représentants à toute époque, et qu'elle permet de distinguer, dans l'occultisme même, les écoles réellement traditionnelles des démarquages ou des compilations maladroites faites à diverses époques sous le couvert de l'occulte. Concernant l'être humain, l'enseignement pourra se résumer en ces propositions :

I. L'Homme est constitué par trois Principes, synthétisés en une Unité, ou doctrine de la Tri-Unité.

II. L'Homme est analogue (mais non semblable) à l'Univers, ou doctrine du Microcosme ou Petit Monde (l'Homme) et du Macrocosme ou Grand Monde (l'Univers).

III. Il y a correspondance stricte entre chaque élément de l'Homme et son analogue dans l'Univers. C'est la doctrine des correspondances sur laquelle est basée la Magie et dont nous reparlerons à propos de la pratique.

Dans tout cela, ce qui nous intéresse pour le moment, c'est le Corps astral, ce Médiateur plastique que les philosophes classiques ont condamné sans prendre la peine souvent de l'étudier attentivement, et qui reparaît à toute époque, sous des noms quelquefois différents, mais avec des caractères identiques, dans les œuvres des occultistes. Bien connaître le corps astral, c'est posséder la plus importante des clefs de la doctrine qui nous occupe. Arrêtons-nous donc un instant sur les raisons données par les occultistes à l'appui de leurs affirmations. Le maniement de l'analogie permet de faire usage de comparaisons, non pas pour démontrer, mais pour éclairer une question.

Commençons par établir une comparaison destinée à projeter quelque lumière sur le sujet.

L'Homme est comparé à un équipage dont la voiture représente le corps physique, le Cheval, le Corps astral, et le Cocher, l'Esprit. Cette image permet de bien saisir le rôle de chaque principe. La voiture est inerte par elle-même et répond bien au corps physique, tel que le conçoit l'occultiste. Le cocher commande à la direction par les rênes, sans participer à la traction directe, c'est là le rôle de l'Esprit. Enfin, le Cheval, uni par les brancards à la voiture et par les rênes au Cocher, meut tout le système, sans s'occuper de la direction.

Cette image nous indique bien le caractère du Corps astral, véritable cheval de l'organisme, qui meut et ne dirige pas. Il nous reste à voir si cette comparaison répond à une entité réelle et s'il existe réellement en nous un Principe moteur, distinct du Principe directeur. C'est à la Physiologie et à l'anatomie que se sont adressés les occultistes contemporains pour prouver les affirmations de leurs ancêtres à ce sujet.

Il existe en nous un système nerveux de la vie organique, placé sous la coupe presque exclusive du Nerf Grand Sympathique et agissant sur des organes à constitution spéciale (organes à Fibres lisses). Ce système meut tout dans l'organisme, depuis la plus fine des artères, jusqu'à l'intestin pendant le sommeil. A l'état de veille, les muscles à fibres striées viennent ajouter à cette action celle du Cerveau, siège de l'Esprit, et ainsi le Cocher de l'organisme vient démontrer que son rôle est bien distinct de celui du cheval que représente le Grand Sympathique servi par ses plexus et ses multiples nerfs vaso-moteurs. Dès que nous dormons, les fonctions cérébrales cessent et, seul, le système de la vie organique poursuit son action : Il digère les aliments, fabriquant le chyle et la lymphe, il fait circuler le sang et distri-

bue partout la Force et la Matière, il fait même plus,
car c'est lui qui préside à la défense de l'Organisme en
jetant des leucocytes au point attaqué et en refermant
les petites plaies faites par une imprudence ou un ac-
cident. Or, le voilà bien ce principe que Paracelse appelait « l'Ouvrier caché » et son domaine est bien séparé
de celui de l'Esprit qui a autre chose à faire que de pré-
sider aux douceurs de la chylification et de l'excrétion.
Tels sont les enseignements des occultistes concernant
les relations du corps astral avec le corps physique ;
voyons ce qu'ils disent pour expliquer ses relations avec
l'Esprit.

Le corps astral, étant la ménagère dans l'être humain,
préside à l'élaboration de toutes les forces organiques.
Parmi celles-ci une nous intéresse au point de vue des
actions cérébrales : c'est la force nerveuse. La force qui
circule dans les nerfs a été étudiée au point de vue de sa
vitesse et a été nettement différenciée de l'électricité et des
autres forces physiques. Comme toutes les fabrications
organiques, elle est tirée du sang, comme le prouvent
les troubles cérébraux causés soit par l'anémie, soit
par l'hyperhémie, et ici encore, le corps astral préside
à cette élaboration. La force nerveuse agit vis-à-vis de
l'Esprit comme l'électricité vis-à-vis du télégraphiste,
le cerveau matériel représentant le télégraphe. Les occultistes réfutent les arguments des matérialistes en
affirmant que ces derniers ont confondu le télégraphiste et la force nerveuse, ou l'Esprit, avec son seul
moyen de communication, avec l'organisme. Enlevez
l'électricité au télégraphiste et ce dernier semblera ne
pas exister pour son correspondant, car il sera incapable d'envoyer la moindre dépêche. C'est ainsi que
dans le sommeil normal ou provoqué, dans les maladies graves, dans l'évanouissement, il y a déplacement
de la force nerveuse ou cessation de la production habituelle, et, faute de son indispensable moyen d'action,
l'Esprit est aussi incapable de manifester sa présence

que l'Employé d'envoyer une dépêche sans électricité. Nous avons choisi des exemples pris dans les sciences contemporaines pour exposer les doctrines de l'occultisme d'une manière claire et en évitant le rappel d'une foule de vieux termes techniques qui n'auraient fait qu'embrouiller notre exposé. On voit maintenant que ce médiateur plastique est autre chose qu'une pure conception philosophique, et que cette idée semble correspondre à une réalité physiologique. Poursuivons notre analyse du corps astral. C'est maintenant que nous allons faire appel aux quelques expérimentateurs qui, dans ces dernières années, ont voulu se rendre compte d'une manière positive des possibilités de contrôle que présentaient ces antiques et toujours identiques enseignements.

Les occultistes prétendent, en effet, que le système nerveux de la vie organique n'est que le support temporaire du Principe constituant le Médiateur plastique, et que ce principe est lumineux, quand il est vu indépendamment des organes matériels, ce qui revient à dire que ce principe peut rayonner autour du corps dans lequel il est normalement renfermé. Cette « sortie du corps astral », suivant l'expression technique, peut être incomplète, c'est-à-dire partielle, ou totale. Dans le premier cas, on assiste à certains phénomènes étudiés par les Magnétiseurs et les Spirites et dont nous reparlerons à propos de la Pratique; dans le second cas, le dédoublement de l'individu peut être constaté à distance par plusieurs témoins, c'est le cas de plusieurs Saints du christianisme, et c'est ainsi que les occultistes expliquent la plupart des faits dits « télépathiques » et les phénomènes spirites des matérialisations dans la majorité des expériences sérieuses et non dues à la fraude.

Plusieurs chercheurs contemporains ont voulu vérifier ces affirmations expérimentalement et en enregistrant les phénomènes produits sur des plaques photographiques ou au moyen d'appareils purement mécaniques, pour éviter les hallucinations.

Les recherches dans ce genre ont été résumées dans les deux ouvrages de l'un des expérimentateurs, M. A. de Rochas. Une première série d'essais a porté sur l'extériorisation de la sensibilité, et les résultats ont été très nets, confirmant les théories occultistes sur le rayonnement du corps astral. La seconde série, exécutée en grande partie au moyen d'un sujet spécial : Eusapia Paladino, et en présence de chercheurs nombreux et impartiaux, a porté sur l'étude des mouvements d'objets à distance et sans contact et a confirmé encore l'étroite relation de la force nerveuse du médium et des effets produits sous le nom « d'extériorisation de la motricité ». Ces essais sont trop récents et n'ont pas encore été contrôlés par assez d'expérimentateurs pour prendre rang dans la Science classique, pas plus que les recherches de M. le Dr Baraduc et de MM. Luys et David ou de M. Narkiovitz Iodko sur l'enregistrement photographique des effluves, combattu du reste par le Dr Guebhard. Il y a simplement là une tendance à confirmer les théories occultistes par les procédés de la Science contemporaine et par des expérimentateurs non occultistes qui méritait d'être signalée à cette place.

Ce corps astral a donc les différents rôles suivants, d'après l'occultisme : 1° il unit, par une double polarisation, le corps physique à l'esprit ; 2° il est l'ouvrier caché accomplissant les fonctions de la vie végétative et conservant au corps matériel, qu'il entretient et répare incessamment, sa forme, malgré la mort continuelle des cellules physiques, et son harmonie fonctionnelle, malgré la maladie et les imprudences ; 3° enfin, il peut rayonner autour de l'individu, formant une sorte d'atmosphère invisible appelée «Aura astral», et il peut même s'extérioriser totalement. C'est grâce à ces diverses propriétés du corps astral que les occullistes rendent compte des visions et des actions à distance, des pressentiments, de l'extase prophétique, des songes, de la folie, et des autres phénomènes classés par les philosophes dans la psychologie spéciale et dans le chapitre des coïncidences ou des hallucinations.

•••

Nous ne saurions trop insister sur le côté physiologique de la démonstration de l'existence du corps astral ; aussi allons-nous nous étendre sur cet important objet.

Généralement, tous les organes constituant l'être humain nous apparaissent en pleine période d'action. Tout cela fonctionne, s'agite, se manifeste à nous sous mille aspects et ce n'est qu'avec la plus grande difficulté qu'on peut déterminer les causes peu nombreuses à travers la multiplicité des effets.

Mais voici le soir venu : les membres fléchissent, les yeux se ferment, le monde extérieur n'a plus d'action sur l'être humain, et lui-même n'a plus d'action sur le monde extérieur : il dort. Profitons de ce sommeil pour commencer notre étude.

L'homme dort, et cependant ses artères battent, son cœur fonctionne et le sang circule ; ses organes digestifs continuent leur travail et ses poumons aspirent et expirent rythmiquement l'air vivifiant. Pendant ce sommeil, ce que nous appelons l'homme n'est capable ni de mouvement, ni de sensation, ni de pensée ; il ne peut ni aimer, ni haïr, ni être heureux, ni souffrir ; ses membres reposent inertes, sa face est immobile, et cependant son organisme fonctionne comme si rien de nouveau n'était arrivé (1).

Nous sommes donc amenés forcément à considérer

_____

(1) Le phénomène du rêve vient à peine troubler ce repos et rappeler l'existence du principe supérieur.

dans l'homme : 1° une partie machinale continuant son
action aussi bien pendant le sommeil que dans la veille;
c'est l'organisme proprement dit ; 2° une autre partie,
intellectuelle celle-là, apparaissant seulement dans
l'état de veille ; c'est ce que nous appelons la Conscience, l'Esprit.

Le domaine de l'organisme semble donc aussi bien
tranché que celui de l'Esprit. Mais que se passe-t-il
dans cet organisme ?

Tout ce qui dépend de l'Esprit, les membres, la face
et ses organes, la voix, la sensibilité générale même,
tout cela se repose, nous l'avons vu. Mais tout cela
entoure l'être humain, tout cela est périphérique.
C'est dans l'intérieur du tronc, dans les trois segments
qui le constituent : ventre, poitrine ou tête, que se
passent les phénomènes producteurs de la marche auto-
matique de la machine humaine.

Comme toute espèce de machine, l'organisme humain
possède des organes mus, une force motrice et un centre
d'entretien et de renouvellement de cette force motrice.

Ainsi, si nous considérons, en prenant un exemple
très matériel, une locomotive, nous y trouverons des
organes d'acier actionnés par de la vapeur, et le renouvellement de cette vapeur est entretenu par un dégage-
ment continuel de chaleur.

De même, dans l'organisme humain, nous trouvons
des organes de constitution particulière (organes à
fibres lisses), artères, veines, organes digestifs, etc., etc.,
mus par de la force nerveuse transportée par le filet du
grand sympathique. Cette force, ainsi que la vie particulière de chacune des cellules constituant les organes,
est entretenue par le courant sanguin artériel. Donc :
organes, centres d'action des forces diverses, force
motrice nerveuse, et force animatrice sanguine, tels
sont les principes essentiels qui constituent la machine
humaine en action.

Mais l'homme s'éveille. Quelque chose de plus vient

s'ajouter aux forces précédentes. Les membres, qui reposaient, s'agitent, le visage s'anime et les yeux s'ouvrent ; l'être humain qui était étendu se dresse et parle. Une vie nouvelle va commencer, pendant que la vie organique poursuivra mécaniquement son action.

Le principe qui vient d'apparaître diffère essentiellement des principes précédents : il a ses organes d'action particuliers dans le corps (organes à fibres striées) ; il a un système nerveux spécial, il se sert du corps comme un ouvrier se sert d'un outil, comme le mécanicien se sert de la locomotive : il gouverne tous ses centres et tous ses organes périphériques qui reposaient tout à l'heure. Ce principe, nous l'appelons l'Esprit conscient.

Si nous résumons l'exposé précédent, nous trouvons dans l'homme trois principes : celui qui supporte tout, c'est le corps physique ; celui qui anime et celui qui meut tout, formant les deux pôles d'un même principe, l'âme ; enfin celui qui gouverne l'être tout entier, l'esprit.

Le corps physique, l'âme ou médiateur plastique doublement polarisé, l'esprit conscient, tels sont les trois principes généraux constituant l'être humain.

Si l'on prend garde que le médiateur plastique est double, on peut dire que l'homme est composé de trois principes organiques : celui qui supporte, celui qui anime, celui qui meut, le corps, le corps astral et l'être psychique synthétisés, et ramenés à l'unité d'action par un principe conscient : celui qui gouverne, l'esprit.

Voilà un exemple de ce que l'on appelle la trinité dans l'unité ou la tri-unité en occultisme.

*
* *

Après la physiologie, il faut faire appel à l'anatomie pour bien montrer la base positive que les occultistes s'efforcent de donner à leurs affirmations théoriques sur la constitution de l'homme.

Le corps humain nous présente trois grands centres : le ventre, la poitrine, la tête, à chacun desquels sont attachés une paire de membres.

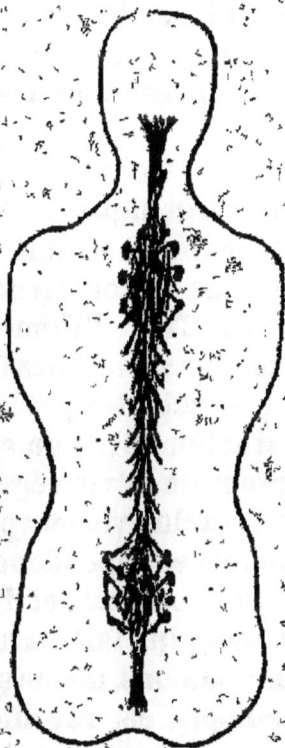

LES TROIS GRANDS PLEXUS DU GRAND SYMPATHIQUE — *Plexus cervical, Plexus cardiaque, Plexus solaire.* — *Centres organiques d'action du corps astral.*

Au ventre sont attachés les membres abdominaux (cuisses, jambes, pieds) ; à la poitrine, les membres thoraciques (bras, avant-bras, mains) ; à la tête, les membres céphaliques (maxillaire inférieur).

Chacun de ces centres a une fonction physiologique bien caractérisée : le ventre transforme la nourriture venant de l'extérieur en substance humaine ou chyle, la poitrine transformé le chyle en sang, et la tête extrait du sang la force nerveuse qui meut toute la machine humaine. De plus, chacun des trois grands centres est représenté dans les deux autres. Ainsi le ventre envoie ses vaisseaux chylifères et ses vaisseaux lymphatiques dans tout l'être humain ; la poitrine envoie le sang, dynamisé par la respiration, dans les autres centres aussi, et, enfin, la tête met en mouvement, par ses dépendances, tous les organes sans exception.

Ce qu'il y a de curieux et d'intéressant pour nous, c'est que tout ce travail organique des usines abdominale, thoracique ou céphalique se fait absolument en dehors de l'intervention de la conscience et de la volonté de l'être humain. C'est l'Homme-Animal qui travaille seul, et l'Homme-Esprit a des fonctions et des organes à lui et bien distincts des précédents.

L'Homme-Animal est actionné par un système nerveux spécial, le système nerveux de la vie végétative ou organique, constitué presque exclusivement par le nerf grand sympathique, ses plexus et ses dépendances. C'est lui qui fait battre notre cœur, qui contracte et dilate toutes nos artères et toutes nos veines ; qui fait marcher le foie, l'estomac, les intestins, les poumons, même sans s'inquiéter de savoir si l'Homme-Esprit est réveillé ou endormi, car tous les organes marchent aussi bien pendant notre sommeil que quand nous sommes éveillés. C'est encore lui qui répare les cellules usées et les remplace, qui mange, par le moyen des cellules embryonnaires et des globules blancs, les microbes venus de l'extérieur, qui guérit les blessures superficielles de la peau et qui, enfin, s'occupe de toute la cuisine organique. L'Homme-Esprit n'a rien à voir à tout cela. Qui est-ce qui dirige donc tout ce système nerveux spécial ?

Car, nous l'avons dit, un système d'organes n'est qu'un support de quelque chose : les organes subissent la fonction, mais ne la créent pas, puisque leurs cellules meurent à mesure que la fonction est accomplie.

LES ORGANES PHYSIQUES DE L'HOMME ASTRAL
Les principaux plexus du Grand Sympathique et leur rayon d'action
(demi-schéma).

Ce principe qui dirige tout le travail du corps physique a reçu beaucoup de noms différents à travers les âges, car il a été connu depuis la plus haute antiquité. Les Égyptiens l'appelaient le corps lumineux

(*Khâ*), les Pythagoriciens le char de l'âme, les Latins le principe animateur (*Anima*) comme saint Paul, les philosophes hermétistes le désignaient sous le nom de Médiateur plastique et de Mercure universel ; Paracelse et son école, ainsi que les disciples de Claude de Saint-Martin, le Philosophe inconnu, l'ont appelé le corps astral parce qu'il tire son principe de la substance interplanétaire ou astrale.

Quel que soit le nom qu'on lui donne, il faut bien saisir que ce principe a dans notre être des organes à lui, un système nerveux à lui, des fonctions à lui ; et que son existence est aussi certaine pour l'occultiste que pour le physiologiste. Nous l'appellerons le corps astral.

C'est l'ouvrier caché de l'être humain, c'est le cheval de l'organisme, dont le corps physique est la voiture et dont l'être conscient est le cocher.

Le cheval est plus fort que le cocher ; c'est lui qui tire la voiture et cependant c'est le cocher, moins fort mais plus intelligent, qui dirige le cheval et, par là, la voiture.

De même, dans l'Être humain, l'Homme-Animal est plus fort que l'Esprit, c'est lui qui meut la machine humaine, et cependant c'est l'Homme-Esprit, moins fort, mais plus intelligent, qui dirige dans la vie extérieure l'Homme-Animal et, par là, la machine humaine tout entière.

Pour bien comprendre cela, reprenons l'étude du corps.

Le corps a trois centres : le ventre, la poitrine, la tête ; mais, par ce mot tête, nous entendons le crâne et son contenu, c'est-à-dire toute la partie *horizontale* des centres supérieurs. Devant le crâne et *verticalement* est placée une série d'organes constituant *le visage*, et ces organes ont cela de particulier qu'ils ne fonctionnent, pour la plupart, que pendant que nous sommes éveillés, c'est-à-dire pendant que l'Homme-Esprit est en

action sur l'extérieur (ce que les philosophes appellent
le non-moi).

Dès que nous nous endormons, voilà que les yeux se
ferment, les oreilles cessent leur fonction, la bouche se
ferme, l'odorat s'arrête et, seule,
la respiration vient agiter les narines. Les organes du visage appar-
tiennent donc à l'Homme-Esprit
et non pas à l'Homme-Animal, et
chacun d'eux a pour but d'établir
un contrôle sur chacun des centres
de cet Homme-Animal.

Ainsi la bouche (qui présente
une ouverture unique parce que
l'estomac est simple et non double), c'est la porte d'entrée du
ventre avec un portier fidèle, qui
est le goût ayant la charge de ne
laisser entrer que les choses qui
plaisent à l'Homme-Esprit. Aussi
tout ce qui passera dans le ventre
viendra-t-il se peindre sur la bouche et ses annexes (langue chargée
des embarras gastriques, langue
sèche et rôtie des inflammations
intestinales, lèvres décolorées des
péritonites, etc.).

Les narines ont deux ouvertures
parce que les organes pulmonaires
sont doubles ; elles sont la porte
d'entrée de la poitrine avec un
portier fidèle qui est l'odorat char-

LE VISAGE

*Synthèse des trois Centres
humains :*

**La Bouche porte d'en-
trée du ventre, le Nez
porte d'entrée de la
poitrine, les Oreilles
porte d'entrée du cer-
veau.**

gé de prévenir l'Homme-Esprit des endroits où la
respiration est dangereuse pour l'organisme. Tout ce
qui se passe dans la poitrine vient se peindre sur les
narines ou leurs annexes (faciès tiré du cardiaque,
pommettes rouges de la pneumonie, etc.).

Les oreilles sont la porte d'entrée du système ner-
eux céphalique, et les yeux se rapportent surtout à

L'HOMME-ANIMAL ET L'HOMME-ESPRIT

Toutes les parties de la figure teintées *en noir* indiquent le domaine
sur lequel peut agir la Volonté ; les parties *en blanc* indiquent au
contraire le domaine de la Vie organique sur lequel la Volonté
n'a pas de prise directe, c'est le domaine de l'Homme-Animal, de
l'Être astral inférieur.

l'Homme-Esprit. Aussi la congestion et l'anémie du
cerveau se peindront-elles sur les oreilles, tandis que

la folie et les troubles psychiques se peindront sur la pupille et dans le regard.

L'Homme-Esprit est donc bien le cocher de l'organisme : par le goût et la bouche il préside au choix des aliments qui vont être transformés par le ventre et vont venir réparer la matière de tout l'être humain.

Par l'odorat, il préside au choix du milieu respirable et par le nerf pneumo-gastrique au rythme respiratoire, et par suite à la distribution de la vie, de la chaleur et de la force dans tout l'organisme.

Enfin, par le regard et l'ouïe, il préside à l'entrée des sensations déjà filtrées par le toucher et, par là, à la nourriture de ses plus hautes facultés.

Terminons cette étude du corps en disant que le ventre est le quartier général du corps physique ; la poitrine, le quartier général du corps astral ; enfin la tête sert de centre, d'une part, à la partie intellectuelle du corps astral, que nous appellerons être psychique, et, d'autre part, à l'Homme-Esprit lui-même.

***

On remarque là multitude d'aspects sous lesquels se présente le corps astral et combien tous ces aspects concordent, qu'il s'agisse du philosophe, du physiologiste ou de l'anatomiste.

La psychologie de l'occultisme tient en effet à rester adéquate à la méthode générale employée partout, et l'on voit combien l'analogie y est couramment employée.

Cette étude particulière du Corps astral nous ramène à la constitution générale de l'Être humain en trois principes et à l'analyse un peu plus détaillée des principes, que nous avons laissés de côté jusqu'ici. Ainsi, nous compléterons l'adaptation des théories occultistes à la psychologie.

Platon a étonné bien des philosophes en disant que
l'homme avait trois âmes. Or, chacun des principes

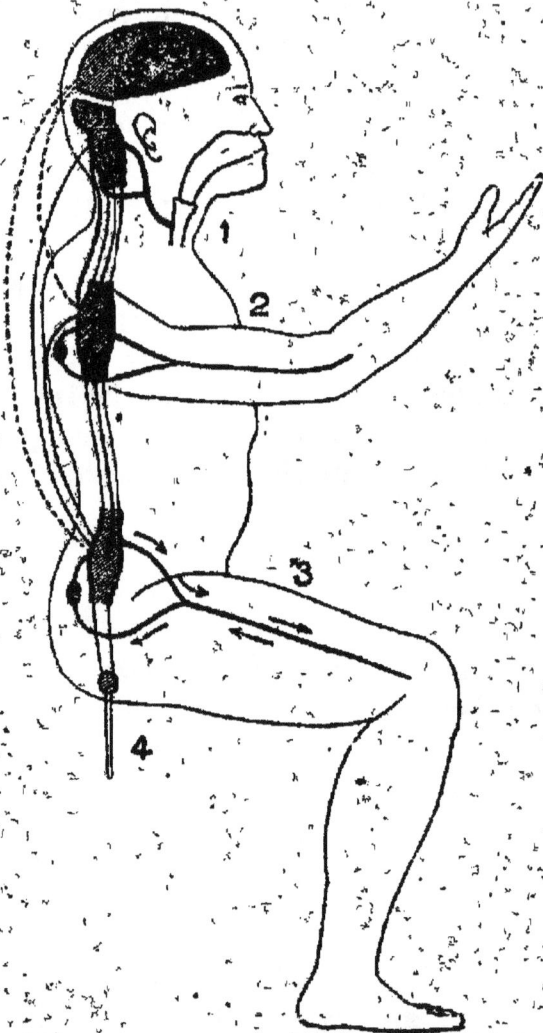

Les trois renflements médullaires et leur triple action sur le Larynx,
le Bras et la Jambe.
Demi-schéma extrait de *la Physiologie synthétique*.

étant représenté dans tous les autres (car la Nature ne
sépare pas ses créations par tranches isolées), il s'ensuit

qu'il n'y a pas de raison pour que chaque centre de l'homme n'ait pas sa manifestation intellectuelle, son rayon d'esprit plus ou moins obscurci, comme il a du chyle, du sang et de la force nerveuse.

L'anatomie nous indique déjà ce fait, en nous montrant que la moelle épinière se renfle au niveau des trois grands centres, avec un renflement supplémentaire pour la reproduction. Mais où ce fait devient encore plus clair, c'est quand nous voyons que le nerf grand sympathique, qui est le véritable support physique du corps astral, présente aussi trois grands plexus, l'un cervical pour le centre céphalique, l'autre cardiaque pour la poitrine, l'autre enfin abdominal (ou solaire) pour le ventre avec un annexe pour la reproduction.

Si nous quittons le domaine physique pour nous adresser aux observations, non pas des philosophes, mais de « Monsieur tout le monde », nous

Adaptation psychologique des trois Principes de l'Homme.

constaterons que, quand un gros chagrin, une grande joie, ou une nouvelle inattendue nous arrivent, ce n'est pas à la tête, mais bien dans la poitrine et au niveau du cœur que nous *recevons un coup*, pour parler comme le peuple. Voilà la réaction vulgaire de l'intelligence de ce centre.

Quand, malgré le courage commandé par l'esprit, une réaction physique se produit, soit au moment d'un examen, soit sur le champ de bataille, ce n'est pas dans la tête mais dans le centre abdominal que la sensation se produit, avec des conséquences bien connues des pauvres soldats. Il faut, encore une fois, donner tort aux arguties des philosophes.

Nous sommes ainsi amené à voir que Platon avait raison dans son rappel de l'enseignement secret des Temples égyptiens et que, de même que le corps présente trois centres, de même que trois principes habitent ces trois centres, de même trois genres de manifestations intellectuelles manifestent ces trois Principes.

Ainsi le centre physique manifestera *l'instinct* avec *la sensation* comme moyen de réaction, et le plaisir ou la douleur comme résultats du mouvement produit.

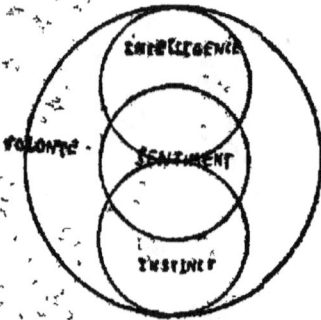

Le centre astral manifestera *l'intuition* avec *le sentiment* comme moyen de réaction, et l'amour ou la haine comme résultats de l'émotion produite.

Le centre psychique manifestera *l'idée* avec *l'intelligence* comme moyen de réaction et la vérité ou l'erreur comme résultats de l'entraînement produit.

Ainsi le monde des instincts, celui des passions, celui des entraînements intellectuels, sont caractérisés le premier par le vin, le second par les femmes, le troisième par le jeu, et la Volonté doit pouvoir arrêter leurs impulsions.

Mais pour cela il faut habituer les organes qui servent l'Esprit à leurs fonctions de régulateurs et de chefs et ne pas les laisser s'endormir et se rouiller dans l'inaction. De là la magie dont nous parlerons plus loin.

Nous ne pouvons pas quitter la psychologie sans dire un mot des doctrines de l'occultisme sur le principe féminin, dans les divers plans et surtout dans le plan humain. Le féminin, pour l'occultiste, est le complé-

mentaire nécessaire de tout principe actif. La femme
n'est donc ni supérieure ni inférieure à l'homme, elle est
complémentaire, psychologiquement aussi bien qu'ana-
tomiquement. La femme est la matérialisation, dans
l'Humanité, de la faculté plastique universelle, symbo-
lisée par la colombe. Elle développe et parfait les
formes que crée l'homme ; c'est pourquoi elle doit développer ses facultés animiques, alors que l'homme doit
insister sur le développement de ses facultés intellectuelles. Chercher à démontrer que la femme est inférieure
ou supérieure à l'homme, c'est chercher si le pôle zinc
est supérieur, parce qu'il est actif, au pôle charbon,
qui reste passif dans la pile. Ils sont indispensables
tous les deux à la production du courant et, s'ils sor-
tent de leur rôle respectif, le courant ne passe plus.
Cette double polarité existe, non seulement dans les
sexes différents, mais encore dans chaque individu.
Le cœur est toujours complémentaire du cerveau, et,
par suite, il est positif chez la femme et négatif chez
l'homme. Par cœur, il faut entendre les sentiments et
les facultés animiques, que les occultistes localisent
dans le plexus cardiaque, comme point d'origine, le
cerveau ne servant, dans ce cas, que de centre de
renvoi.

CHAPITRE II

LOGIQUE

La Méthode ou Logique de l'Occultisme. — L'Analogie et les tableaux analogiques. — Constitution de l'Univers. — Le macrocosme ou la nature.

Cette longue étude sur le Corps astral était indispensable pour faire comprendre cette constante recherche de l'occultisme, qui tend de toutes ses forces à déterminer les intermédiaires qui peuvent unir deux principes en apparence contraires.

Ainsi l'huile et l'eau sont considérées comme impossibles à mélanger intimement. A peine peut-on en faire une émulsion, dans laquelle les molécules se juxtaposent sans se mêler. Et, cependant, un peu de carbonate de soude suffit à transformer ces deux contraires en un savon parfaitement homogène. Tel est le rôle du Corps astral par rapport à l'huile spirituelle et à l'eau matérielle, dont il fait un savon vital. (Nous prions le lecteur d'excuser cette image technique.)

Tel est aussi le rôle de la méthode caractéristique de l'Occultisme : l'analogie, intermédiaire entre la déduction et l'induction, s'appuyant alternativement sur chacune des deux, sans s'astreindre aux règles spéciales de chacune d'elles. L'analogie est aussi liée à l'occultisme comme méthode, que la peau est liée au corps.

Mais l'emploi de cette méthode demande un doigté

tout spécial, pour ne pas tomber dans les excès de l'imagination, et un contrôle de tous les instants pour produire un résultat sérieux. C'est là que les nombres rendront des services sérieux et c'est bien à tort qu'on n'a pas donné aux livres d'Euclide sur les nombres la gloire attachée à ses livres sur la géométrie.

La meilleure façon de montrer ce qu'est cette méthode analogique, c'est encore de l'employer dans de nombreux exemples, en discutant les résultats obtenus; c'est ce que nous allons nous efforcer de faire.

*
* *

La loi générale de l'analogie est ainsi définie par le Trismégiste (qui est, pour nous, le nom collectif de l'Université d'Égypte) dans la *Table d'Émeraude* :

« Ce qui est en haut.　.　.　.　.　.　.　.　.　.

«　　　　　　　　　　est comme　.　.　.　.　.

«　　　　　　　　　　　　　　ce qui est en bas

« Pour accomplir le miracle de l'Unité. »

Remarquez bien que l'auteur de la *Table d'Émeraude* distingue absolument, et dès le début, l'analogie de la similitude, ce qui est la faute difficile à éviter pour les débutants. Une chose analogue à une autre n'est presque jamais semblable. L'analogie de la constitution de l'homme en trois principes : esprit, âme et corps, et celle de la constitution d'un équipage en cocher, cheval, voiture, sont assez nettes pour permettre de résoudre de curieux problèmes, et Dieu sait s'il y a peu de similitude entre ces deux choses.

Aussi le Trismégiste dit-il : « Ce qui est en haut est comme ce qui est en bas. » Et il ne dit pas : « Ce qui est en haut est ce qui est en bas. »

Par là, il proteste d'avance contre l'accusation de Panthéisme, que les théologiens se sont toujours efforcés de porter contre les occultistes et qui est injuste

Le premier enseignement de la *Table d'Émeraude* est donc l'analogie des contraires : haut et bas, qui possèdent un élément commun, dont la suite du texte hermétique détermine le caractère.

Le second enseignement, c'est le retour à l'unité de ces contraires, ou la synthèse unissant en elle toutes les antithèses inférieures, et c'est là le principe de la *Loi universelle* de Hoené-Wronski.

Telle est la première base théorique ; voyons maintenant les applications.

En premier lieu il est préférable de s'élever du connu physique à l'inconnu métaphysique ou mieux du visible à l'invisible, pour établir une étude analogique. Cela semble une naïveté. Mais, en occultisme, l'invisible est aussi déterminé que le visible, et l'on peut, à son choix, rechercher les formes données au corps par l'esprit selon la formule astrologique dudit esprit (ce qui est procéder de l'invisible au visible) ou rechercher le caractère astrologique de l'esprit d'après les formes du corps (ce qui est procéder du visible à l'invisible).

Cette dernière méthode est celle préconisée par Claude de Saint-Martin quand il dit : « Il faut étudier la nature d'après la constitution de l'homme et non l'homme d'après la nature. » En effet, d'après l'analogie et sa loi fondamentale, l'Homme, la Nature et Dieu sont analogues (mais non semblables), et les principes de l'un se retrouvent analogiquement dans l'autre, ce qui a fait dire que l'Homme était un petit monde ou mieux un monde en petit (Microcosme) et que la Nature était un grand monde ou un homme en grand et que tous deux reproduisaient la loi de la constitution divine : « Dieu a fait l'homme à son image. » Voilà l'analogie formulée dans la Bible, et voilà le point de départ de toutes les analogies entre le Créateur et la Créature, sans que jamais l'on puisse confondre l'un avec l'autre.

Posons maintenant un problème que nous allons tâcher de résoudre par diverses méthodes :

Quel est le rapport des trois segments de l'organisme : ventre, poitrine et tête entre eux ?

Le savant positiviste, procédant par induction expérimentale, étudiera les tissus, les humeurs, les groupes nerveux existant dans chaque centre, et de cette étude induira une réponse plus ou moins complète.

Le philosophe, procédant par déduction pure, déterminera quel lien hiérarchique existe entre les trois éléments étudiés, et il en déduira des considérations plus ou moins générales.

Ces méthodes sont connues et inutiles à détailler. Voyons maintenant comment procédera l'analogiste.

En premier lieu, il posera ces trois éléments d'étude d'après leur hiérarchie brutale :

En haut : La tête.
Au milieu : La poitrine
En bas : Le ventre.

Cela fait, il cherchera tout de suite quelle est la représentation de chacun des segments dans les deux autres, puisque l'analogie nécessite un ou plusieurs termes identiques dans chacun des segments, termes qu'il s'agit ici de découvrir. Alors il dira :

Dans le ventre, il doit y avoir un élément caractéristique du ventre qui doit, de son côté, se trouver représenté dans les deux autres segments. Nous poserons donc :

1, élément propre au ventre ;
Ventre : 2, représentation du ventre dans la poitrine ;
3, représentation du ventre dans la tête ;

Il en sera de même pour le second segment, la poitrine, qui doit avoir un élément propre et la représentation de cet élément dans chacun des deux autres segments.

Cela nous amène à constituer un tableau analogique de recherches en écrivant sur une première colonne verticale :

Tête
Poitrine
Ventre

Et sur une seconde colonne horizontale :

Ventre. . . . Poitrine. . . . Tête.

C'est une sorte de table de Pythagore, où les éléments d'étude jouent le rôle des nombres, et c'était là le véritable aspect de la table de Pythagore telle que l'employaient les initiés. Nous avons donc un tableau ainsi constitué :

Tête			
Poitrine			
Ventre			
	Tête	Poitrine	Ventre

L'analogie va nous permettre de remplir les places restées vides et qui représentent les éléments à découvrir — et cela d'une façon très simple. Il suffit de réunir dans chaque case vide les deux noms dont cette case est l'intersection. (Procédé de la table de Pythagore pour les nombres.)

La première colonne verticale sera ainsi remplie :

Tête	Tête dans la Tête		
Poitrine	Tête dans la Poitrine		
Ventre	Tête dans le Ventre		
	Tête	Poitrine	Ventre

En procédant de même pour les deux autres segments, on obtient le tableau définitif suivant :

Tête	Tête dans la Tête	Poitrine dans la Tête	Ventre dans la Tête
Poitrine	Tête dans la Poitrine	Poitrine dans la Poitrine	Ventre dans la Poitrine
Ventre	Tête dans le Ventre	Poitrine dans le Ventre	Ventre dans le Ventre
	Tête	Poitrine	Ventre

Il nous reste maintenant à nous adresser à la physiologie et à l'anatomie pour remplacer par les noms des organes leur caractère donné par le tableau et, aussitôt, nous aurons déterminé l'analogie entre les contraires, c'est-à-dire :

La tête dans le ventre et le ventre dans la tête ;

La tête dans la poitrine et la poitrine dans la tête ;
La poitrine dans le ventre et le ventre dans la poitrine.

★
★ ★

Les noms scientifiques vont éclairer ces analogies d'une curieuse façon et montrer la rigueur de la méthode de recherches que nous adaptons à l'incertitude de l'analogie quand cette analogie n'est pas ainsi déterminée par les intersections de plusieurs éléments.

Pour être complet dans nos rapports, nous nous souviendrons que le visage est l'unité qui résume les divers aspects de la trinité précédente, et alors nous obtiendrons le tableau suivant, dans lequel les termes

Inférieur	remplace le mot	Ventre ou Abdomen
Moyen	— —	Poitrine ou Thorax
Supérieur	— —	Tête.

et où la face synthétise le tout.

La tête dans le ventre ou le supérieur dans l'inférieur c'est le plexus solaire ; tandis que le ventre dans la tête ou l'inférieur dans le supérieur c'est les vaisseaux et ganglions lymphatiques de la tête.

Nous retrouvons là cette analogie entre les ganglions sympathiques et les ganglions lymphatiques, les premiers agissant pour la force nerveuse, comme les seconds agissent pour les essences matérielles.

Nous trouverions de même d'autres curieuses analogies qui serviront de type d'étude à ceux qui voudront les étudier.

Si nous avons développé, comme exemple, le tableau se référant à l'homme, c'est pour montrer que la méthode analogique est applicable à nos sciences les plus techniques, comme la physiologie. Les applications les plus générales peuvent en être faites, mais elles ne seraient pas aussi démonstratives que celle que nous avons choisie.

COLONNE DU MONDE INFÉRIEUR (Ventre)	COLONNE DU MONDE MOYEN (Thorax)	COLONNE DU MONDE SUPÉRIEUR (Tête)	COLONNE DU MONDE SYNTHÉTIQUE (Face)
FACE			
Inférieur dans le Synthétique Bouche (et goût)	*Moyen dans le Synthétique* Nez (et odorat)	*Supérieur dans le Synthétique* Yeux sensitifs, (vue) Oreilles (ouïe)	CENTRE DU MONDE SYNTHÉTIQUE Le Visage Toucher
TÊTE			
Inférieur dans le Supérieur Vaisseaux et Ganglions lymphatiques de la tête	*Moyen dans le Supérieur* Carotides et artères cérébrales	CENTRE DU MONDE SUPÉRIEUR Cerveau et annexes	*Synthétique dans le Supérieur* Front Muscles moteurs des yeux Membres céphaliques ou maxillaire supérieur Larynx (Cheveux et barbe)
THORAX			
Inférieur dans le Moyen Canal thoracique Vaisseaux lymphatiques	CENTRE DU MONDE MOYEN Cœur Poumons	*Supérieur dans le Moyen* Plexus cardiaque	*Synthétique dans le Moyen* Membres thoraciques N. pneumo-gastrique Seins
ABDOMEN			
CENTRE DU MONDE INFÉRIEUR Estomac Intestins, Foie Rate (et annexes)	*Moyen dans l'Inférieur* Aorte abdominale Reins	*Supérieur dans l'Inférieur* Plexus solaire	*Synthétique dans l'Inférieur* Membres abdominaux N. pneumo-gastrique Organes génitaux

Nous allons donner un tableau des trois grands principes étudiés par Claude de Saint-Martin : Dieu, l'Homme et l'Univers :

	Dieu	L'Homme	L'Univers
Dieu	Dieu en Dieu lui-même	L'Homme en Dieu	L'Univers en Dieu
L'Homme	Dieu en l'Homme	L'Homme en lui-même	L'Univers en l'Homme
L'Univers	Dieu en l'Univers	L'Homme dans l'Univers	L'Univers en lui-même

Chacune de ces sections formerait l'objet d'une étude particulière. Observons seulement que l'occultisme enseigne l'Unité de Dieu en Lui-même et sa Personnalité propre en dehors de l'Univers et de l'Homme.

Ainsi est réfutée dès maintenant l'accusation de panthéisme portée par les théologiens contre l'occultisme.

L'occultisme étudie en effet successivement le matérialisme, le panthéisme, le déisme pour constituer leur synthèse en déterminant le terme supérieur qui peut les unir dans la mathèse absolue.

**

Lorsque, dans nos applications d'un tableau analogique, nous avons comparé la constitution de l'homme en esprit, âme et corps, à celle d'un équipage en cocher, cheval et voiture, on nous a objecté que cette comparaison ne serait plus vraie pour tout autre appareil moteur, comme une locomotive par exemple.

Cette objection nous a été faite par le R. P. Bulliot à l'ancienne Société d'études psychiques, présidée par le chanoine Brettes, et où des théologiens devaient se rencontrer avec des adeptes des sciences contemporaines.

Pour répondre à cette objection et aux autres de même ordre, nous prendrons la liberté de donner trois tableaux en apparence futiles : l'équipage, la locomotive et la bicyclette.

Les occultistes un peu avancés pourront appliquer ces tableaux à des analogies très intéressantes et d'un tout autre ordre.

Équipage	Cocher	Cheval	Voiture
Cocher	Cocher lui-même *Tête. Thorax Ventre*	Union du Cheval et du Cocher Mors Tête du Cheval	Union de la Voiture et du Cocher Place du Cocher ou Tête de la Voiture
Cheval	Union du Cocher et du Cheval Guides et bras du Cocher	Cheval lui-même *Pattes. Corps Tête*	Union de la Voiture et du Cheval Place du Cheval ou Corps de la Voiture
Voiture	Union du Cocher et de la Voiture Siège, Jambes et Freins	Union du Cheval de la Voiture Brancards et Corps	Voiture elle-même Châssis Brancards Roues

La Locomotive	Mécanicien	Moteur	Voiture
Mécanicien	Mécanicien lui-même	Union du Moteur et du Mécanicien Manomètres et soupapes Robinet d'action	Union de la Voiture et du Mécanicien Place du Mécanicien
Moteur	Union du Mécanicien et du Moteur Commande de la Vapeur	Moteur lui-même Chaudière-Piston et Bielle	Union de la Voiture et du Moteur Place du Moteur
Voiture	Union du Mécanicien et de la Voiture Freins et robinet des freins	Union du moteur et de la Voiture Bielles agissant sur les Roues	La Voiture elle-même Châssis Place du Moteur Roues

Nous insistons sur la constitution des tableaux ana-logiques pour éviter aux étudiants bien des mécomptes et des déboires, car la découverte du terme scientifique exact, répondant, d'une part, à sa place dans le tableau au croisement des deux termes générateurs et, d'autre part, étant analogique de son contraire, demande des recherches tout à fait personnelles et laisse peu de place à l'invention purement imaginative.

Quand on a dressé les tableaux de plusieurs prin-cipes, on peut passer à un exercice encore plus intéressant : c'est le rapprochement de chacun des principes avec tous ses analogues dans les autres tableaux.

Ainsi on peut rapprocher de la manière suivante tous les tableaux à trois termes que nous avons don-nés jusqu'ici.

Principes	Dieu	Homme	Univers
Homme	Esprit	Ame	Corps
Corps humain	Tête	Thorax	Abdomen

Équipage	Cocher	Cheval	Voiture
Locomotive	Mécanicien	Moteur	Voiture
Bicyclette	Cycliste	Moteur	Bicyclette

On détermine ainsi la clef réelle des tableaux analogiques à deux, trois, quatre, cinq, sept et douze termes donnés par Agrippa dans sa *Philosophie occulte*. Chacun de ces termes peut, à lui seul, donner lieu à un tableau analogique, et tous les termes placés dans la même case des divers tableaux sont strictement analogues entre eux.

Ainsi l'analogie vient appuyer la déduction et l'induction dans tous les ouvrages occultistes. La grande difficulté pour l'emploi de cette méthode est, comme nous l'avons dit, de ne pas confondre l'analogie avec la similitude et de ne pas croire que deux choses analogues sont forcément semblables : ainsi le cerveau et le cœur sont analogues en occultisme, et ils sont loin d'être semblables. Cela tient à la doctrine des correspondances, dont nous avons déjà dit un mot. Ce sont les choses placées dans une même colonne de correspondance qui sont analogues, et le caractère de l'analogie est déterminé par le sens général de la colonne tout entière.

Ainsi, d'après l'anatomie philosophique de Malfatti de Montereggio, l'estomac, le cœur et le cerveau jouent le rôle d'embryons respectivement à chacun des trois centres : abdominal, thoracique et céphalique, dans lesquels ils sont contenus. Ces organes sont donc analogues entre eux d'après cette fonction. Mais on peut aussi établir leur analogie d'après d'autres éléments d'appréciation. Si nous considérons en effet ces trois organes au point de vue de leur fonction générale, nous constaterons que le premier reçoit directement du monde extérieur des aliments; le second, de l'air atmosphérique; et le troisième, des sensations. Il y a donc analogie au point de vue de la réception directe d'un apport extérieur, et cette analogie des trois éléments d'apport : les aliments, l'air et les sensations, est également entre eux, car l'analogie de deux choses entre elles détermine l'analogie de toutes les constituantes de ces deux choses. On voit l'élasticité considérable de cette méthode qui, sous son apparente simplicité, est très difficile à manier avec sagacité et précision.

L'analogie est la méthode théorique que les occultistes réservent à leurs recherches concernant le plan physique et le monde des lois.

Elle ne permet que d'avoir des lumières de seconde main sur le monde des principes et sur les causes premières. Pour pénétrer dans ce plan, les occultistes avancés dans la pratique possèdent une méthode de vision directe dans le monde invisible, jadis cultivée

avec soin dans les écoles de prophètes, puis utilisée
par les extatiques et les mystiques et conservée seulement,
de nos jours, par quelques rares adeptes des
sociétés chinoises, des fraternités brahmaniques ou
par des envoyés des plans supérieurs. Ici encore, l'occultisme,
qui nous était apparu presque comme un
simple système philosophique, échappe brusquement
à la méthode générale, pour faire appel aux mystérieuses
pratiques auxquelles il doit son nom et aussi
beaucoup de ridicules calomnies répandues sur son
compte par les ignorants et les sectaires. Cette seconde
méthode a été presque exclusivement utilisée pour les
recherches concernant l'âme et ses transformations
après la mort, ainsi que les êtres spirituels qui peuplent
les divers plans invisibles de l'Univers. Apollonius
de Tyane, Jacob Boehm, Swedenborg sont, avec
Claude de Saint-Martin et son maître de Pasqually, les
plus connus des philosophes ayant employé cette méthode,
ce qui les a fait classer parmi les mystiques.

L'union de l'analogie et de la vision directe a donné
naissance à l'emploi des Nombres et des Symboles tel
que le pratiquent les occultistes. En effet, pour éviter les
erreurs auxquelles pouvait prêter l'emploi hors de
propos de l'analogie, la kabbale est venue donner un
précieux instrument de contrôle dans les nombres et
leur conception symbolique. Chaque nombre répond,
en effet, à une idée et à un hiéroglyphe caractéristiques,
si bien que les lois des combinaisons des nombres
vérifient la combinaison des symboles et des
idées. On trouvera, dans les ouvrages des Pythagoriciens
et dans les livres d'Euclide consacrés aux nombres
(1), qui se sont particulièrement voués à ce genre
d'applications, d'intéressants renseignements à ce sujet.
Plutarque en a résumé quelques-uns dans son *Traité
d'Isis et d'Osiris*. C'est par ce traité que nous avons
notion des nombres triangulaires et losangiques admis

(1) Traduction Peyrard en 3 vol. in-4, vol. I.

par les occultistes au même titre que les nombres
carrés et cubiques. Il en est de même des opérations
arithmétiques courantes, auxquelles les occultistes
ajoutent :

1° L'addition théosophique, qui consiste, étant donné
un nombre quelconque de 1 à 9, à additionner tous les
nombres, depuis l'unité jusqu'au nombre considéré.
Soit, par exemple, le nombre 5 ; pour avoir son addition théosophique, on additionnera 1, 2, 3, 4 et 5, c'est-
à-dire tous les nombres de 1 au nombre considéré 5.
Cela donnera 15. Le nombre 4 donnerait, par le même
procédé, 10.

2° La réduction théosophique, qui consiste à réduire
les nombres composés de deux ou plusieurs chiffres
en nombres d'un seul chiffre, par l'addition successive
de tous les chiffres constituant le nombre, jusqu'à ce
qu'il ne reste qu'un seul chiffre. Exemple : le nombre
25 se réduit à $2 + 5 = 7$; le nombre 34.224 se réduit
successivement de la façon suivante : $3 + 4 + 2 + 2$
$+ 4 = 15$; $15 = 1 + 5 = 6$; donc 34.224 égale 6 en
ultime réduction.

Claude de Saint-Martin, dans son livre sur les Nombres, appelle racine essentielle le résultat de l'addition
théosophique, et il en fait le complément des racines
carrées et des racines cubiques.

Pour terminer ce rapide aperçu sur les Nombres, il
nous reste à rappeler le sens des plus couramment
utilisés, au point de vue symbolique, par les occultistes.

1. Le principe positif. — 2. Le principe négatif. — 3. Le
premier terme équilibré, résultant de l'action des deux
principes précédents. — 4. La première forme matérielle. — 5. Action du principe actif (1) sur la forme (4),
la vie. — 6. L'équilibre des forces, les deux courants
involutif et évolutif de la nature, figurés hiéroglyphi-
quement par le sceau de Salomon. (Deux triangles
entrelacés et à sommets opposés.) — 7. Action de la

force équilibrante (3) sur la forme (4), premier terme parfait. — 8. Equilibre des formes, justice. — 9. Triple ternaire, symbole des trois plans matériels. — 10. Action du principe actif sur le néant (o). Première création complète, image et modèle de toutes les autres.

Nous arrêterons ici ces exemples, qui pourraient être considérablement développés. Chaque nombre a, en effet, au moins trois sens avec des adaptations diverses aux divers plans. Les Kabbalistes ont spécialement travaillé cette question...

CHAPITRE III

MÉTAPHYSIQUE

La métaphysique de l'occultisme. — Origine des Idées.
Passage du subjectif à l'objectif. — Le monde invisible
et le plan astral. — La magie et les facultés occultes de
l'être humain. — Les Esprits et les forces occultes de
l'Univers.

§ I. — ORIGINE DES IDÉES. — ROLE DES INTERMÉDIAIRES

On trouvera dans tous les systèmes philosophiques des
conceptions particulières sur le monde et sa constitution, sur l'homme et sa destinée, mais on ne trouvera
nulle part ailleurs que dans les œuvres des adeptes de la
philosophie occulte des études aussi détaillées sur les
Intermédiaires, les Médiateurs qui permettent de passer du plan de conception spirituelle au plan matériel
de la création.

Ce terme de plan d'existence ou de plan tout court
désigne un état, bien plus qu'un endroit, car un homme
qui dort et qui voit en rêve un cliché d'événements
prophétiques est comme endroit dans le plan physique
où se trouvent son corps et ses organes, et comme état
dans le plan astral, où son âme perçoit cette force que
le savant mystique Bourcart appelle le « fluide forma-
tif ». Une étude particulière s'impose sur ce plan astral,
qui joue un rôle si considérable dans la philosophie
occultiste.

Si la psychologie nous offrait, dans le problème de l'union de l'âme et du corps, l'occasion de préciser les théories bien spéciales de l'occultisme à ce sujet, la métaphysique va nous montrer encore de personnelles applications de la philosophie occulte à la solution du plus important des problèmes de la métaphysique, le passage de l'être à la réalité ou du subjectif à l'objectif. Quand les occultistes ont affirmé que la solution de ce genre de problème résidait dans l'existence d'un intermédiaire doublement polarisé, on a prétendu qu'ils reculaient la difficulté au lieu de la résoudre. Et, cependant, le corps astral est une réalité organique et non une conception philosophique, il en est de même du « plan astral » ou plan intermédiaire entre l'être et la réalité physique, grâce auquel l'occultiste prétend résoudre cet important problème.

Pour donner une première idée du fonctionnement de ce plan astral, empruntons encore à une de nos applications scientifiques contemporaines, la photographie, quelques exemples nécessaires. Théoriquement le passage de l'objet à produire à l'épreuve, ou image photographique de cet objet, devrait se faire directement et sans intermédiaire. Un philosophe de l'école classique ne manquerait pas de dire que cet intermédiaire est une invention inutile, et il pourrait citer l'exemple du peintre ou du dessinateur, qui reproduisent directement l'objet sur toile ou sur papier, sans avoir besoin d'un intermédiaire quelconque. Et, cependant, le photographe obtient d'abord un cliché négatif, c'est-à-dire où toutes les teintes sont l'inverse de la nature physique, et c'est en faisant opérer par la lumière elle-même une inversion du premier résultat qu'elle a fourni, que l'artiste obtient l'épreuve positive semblable au modèle.

Ce cliché qui, théoriquement, pouvait être considéré comme inutile, joue, au contraire, un rôle très important puisqu'il permet d'obtenir une série indéfinie

d'images positives. Or le plan astral n'est pour l'occultiste que le plan des « clichés » négatifs ou des moules
dont tous les objets physiques ne sont que des épreuves
tirées, chacune, à un plus ou moins grand nombre
d'exemplaires, par des agents spirituels spéciaux. Le
passage du subjectif à l'objectif est ainsi justifié.

Et cette doctrine des intermédiaires joue un tel rôle
en occultisme que nous la retrouverons à propos de la
question de l'origine de l'idée. La pensée est considérée, dans la tradition occulte, comme une des forces
les plus puissantes et les plus effectives en action dans
l'univers. Les idées sont des agents actifs de bonheur
ou de malheur suivant le caractère de leur centre
d'émission et suivant l'intensité de cette émission. La
question de leur origine première, question toute métaphysique, est tranchée par Claude de Saint-Martin, le
grand philosophe occultiste, en montrant que le germe
seul des idées est inné en nous, comme le chêne est
seulement en germe dans le gland. La sensation vient
développer et faire fructifier certains de ces germes
d'idées, comme la chaleur et l'eau développent le chêne.
A la théorie matérialiste des idées dérivées uniquement
des sensations, l'occultisme vient démontrer le point
commun d'union en révélant le caractère et le mode de
développement des idées-germes et leur rôle d'intermédiaires entre les divers plans.

Aussi est-il assez difficile de classer réellement l'occultisme dans un système métaphysique bien défini.
L'occultisme prétend, en effet, jouer le rôle de conci-
liateur universel entre tous les systèmes. Il enseigne
que le dualisme et le matérialisme sont vrais, si l'on
restreint leur application au plan physique; mais
qu'on erre quand on veut étendre cette application à
d'autres plans. De même le panthéisme est le système
qui rend le mieux compte de la vie et de ses lois dans
le plan astral; ainsi que le spiritualisme pur, en allant
même jusqu'au mysticisme, peut, seul, rendre effecti-

.vement compte des lois du plan divin de Création.
Mais l'occultiste s'interdit le séjour exclusif dans chacun de ces plans autant que l'adoption exclusive de
chacun de ces systèmes métaphysiques. Il vise à la
conciliation de la thèse, de l'antithèse et de la synthèse dans une union étroite et universelle qu'il nomme
« la Mathèse ».

Idéalisant le matérialisme et matérialisant le mysticisme, l'occultisme se défend absolument d'être un
système panthéiste et, s'il fallait le classer, nous de-
vrions créer une case nouvelle et le cataloguer comme
un idéalisme synthétique ou intégral.

Dans l'antiquité, chaque science, même celle des
nombres, avait une section physique et une section
métaphysique. Plus tard, la section physique fut, seule,
l'objet de recherches suivies de la part de l'école classique, et cela aboutit aux merveilleuses conquêtes de
la science expérimentale dédaignant de plus en plus les
digressions métaphysiques. Ce fut là le domaine aban-
donné à l'occultisme, et il a toujours conservé l'étude
métaphysique de chaque science si bien qu'à l'heure
actuelle ses adeptes prétendent que l'alchimie renferme
seule la métaphysique de la chimie actuelle, de même
que l'astrologie pourra, seule, donner une philosophie
de l'astronomie, et la magie une clef des causes réelles
des forces dont la physique constate les effets les
plus matériels. Aussi un occultiste initié à une école initiatique quelconque regarde-t-il comme un vulgaire
profane celui qui dit que l'alchimie, l'astrologie et la
magie n'ont été que la première et la plus primitive
forme de la chimie, de l'astronomie et de la physique.

Le cadre de notre exposé ne nous permet pas de
nous étendre sur la métaphysique de chaque science,
et nous sommes obligé de faire choix seulement d'un
petit nombre d'applications. En histoire naturelle l'occultisme donne des théories très intéressantes sur l'évolution et l'organisation des espèces et des individus

Pour l'occultiste, en effet, c'est le corps astral qui fabrique le corps physique, dans l'utérus de la mère (pour les espèces supérieures), ou dans l'œuf, suivant les cas. L'évolution d'un type au type immédiatement supérieur a donc lieu seulement dans le plan astral. Le moule du corps d'un chien, par exemple, devient, après les souffrances d'une incarnation terrestre (ou physique sur une planète quelconque) le moule ou corps astral d'un futur corps de singe. Telle est la raison qui a empêché jusqu'ici les expérimentateurs de constater sur terre le passage direct d'une espèce à l'autre, quoique ce passage soit évident pour l'anatomiste comme pour celui qui observe l'évolution de l'embryon. C'est le courant descendant ou involutif qui vient régler la spirale de l'évolution dans tous les plans de l'univers (1).

* *
*

Outre les fluides, fluides créateurs, de l'archétype, et fluides conservateurs, de l'astral, il existe des agents particuliers actionnant les fluides.

Dans la comparaison à la photographie, les doigts de l'opérateur, les mille cellules qui entretiennent le mouvement et la vie de ces doigts, représentent les agents dont nous parlons.

En rapprochant les analogies du plan astral et de la photographie, il faut noter le curieux rapprochement qui fait que certains corps chimiques agissent de même sur l'image photographique et sur l'image cérébrale, tels : le bromure de potassium, la morphine (plaques Mercier), les alcalis, etc., etc. Il y a là une voie toute nouvelle en médecine expérimentale.

Étant donné que tout ce qui est visible est la manifes-

(1) On trouvera dans *la Science des Mages* et dans *Magie et Hypnose* d'importants développements concernant ce plan astral et son étude par les anciens.

tation et la réalisation d'une idée invisible, l'occultisme enseigne qu'il existe dans la nature une hiérarchie d'êtres psychiques, de même qu'il existe dans l'homme, depuis la cellule osseuse jusqu'à la cellule nerveuse, en passant par l'hématie, une véritable hiérarchie d'éléments figurés.

Les êtres psychiques qui peuplent la région dans laquelle agissent les forces physico-chimiques ont reçu le nom d'élémentals ou esprits des éléments. Ils sont analogues aux globules sanguins et surtout aux leucocytes de l'homme. Ce sont les élémentals qui agissent dans les couches inférieures du plan astral en rapport immédiat avec le plan physique. Cette question des élémentals, qui obéissent à la volonté bonne ou mauvaise qui les dirige, qui sont irresponsables de leurs actes tout en étant intelligents, a soulevé de curieuses polémiques en ces derniers temps. Les citations des auteurs anciens, que nous donnons ci-dessous, prouveront que l'occultisme a reconnu et enseigné depuis longtemps l'existence des entités astrales (1).

De plus, il suffit de se rappeler que, dans notre plan physique, un animal fort intelligent, le chien, joue le même rôle. Le chien d'un brigand n'attaquera-t-il pas un honnête homme sous l'impulsion de son maître, et le chien du fermier ne se jette-t-il pas sur le voleur qui tente d'entrer dans la ferme? Dans les deux cas, le chien ignore s'il a affaire à un honnête homme ou à un bandit; il est irresponsable de ses actions et se contente d'obéir à son maître, qui reste, seul, entièrement

---

(1) Je révolterai peut-être bien des gens contre moi, si je dis qu'il y a des créatures dans les quatre éléments qui ne sont ni des purs animaux, ni des hommes, quoiqu'ils en aient la figure et le raisonnement sans en avoir l'âme raisonnable. Paracelse en parle clairement ainsi que Porphyre.

On prétend que ces créatures extraordinaires sont d'une nature spirituelle; non pas d'une spiritualité qui exclut toute matière; mais d'une spiritualité qui n'admet pour fondement substantiel qu'une matière infiniment diluée et autant imperceptible que l'air? — *Grimoire du XVIᵉ siècle (Petit Albert*, p. 99 et 123).

responsable. Tel est le rôle des élémentals de l'astral (1).

Dompter des élémentaires ne peut être comparé qu'à l'action de la discipline militaire. Le chef d'armée a su grouper autour de lui, par le dévouement ou la crainte, des êtres conscients et responsables, qui ont bien voulu asservir leur volonté à celle du chef ou ont été forcés de le faire. Cette seconde action est bien plus difficile que l'action sur le chien. Il en est de même en astral, où l'élémentaire n'obéit que par dévouement ou par crainte, mais reste toujours libre de résister à la volonté du Nécromant.

Les élémentals sont en circulation presque continuelle dans les fluides de l'astral. Outre ces entités, il en existe d'autres, de l'avis de tous les voyants. Ce sont les intelligences directrices formées par les esprits des hommes qui ont subi une évolution considérable. Ces êtres, analogues aux cellules nerveuses des centres sympathiques de l'homme, ont reçu des noms très divers dans toutes les cosmogonies des anciens. Nous nous contentons d'indiquer leur existence. On trouve encore, d'après l'enseignement de la Kabbale, dans le plan astral des entités douées de conscience, ce sont les restes des hommes qui viennent de mourir et dont l'âme n'a pas encore subi toutes ses évolutions. Ces entités répondent à ce que les spirites appellent « des esprits », à ce que l'occultiste appelle « des élémentaires » (2).

---

(1) Ils habitent un lieu près de la terre ; bien plus, ils sont des entrailles de la terre ; il n'y a méchanceté qu'ils n'aient l'audace de pousser à bout ; ils ont l'humeur tellement violente et insolente, c'est ce qui fait qu'ils machinent le plus souvent et tendent des pièges et embûches des plus violentes et les plus soudaines, et, quand ils font leurs sorties d'ordinaire, ils sont cachés en partie, et en partie ils font violence, se plaisent fort partout où règnent l'injustice et la discorde. — PORPHYRE (IIIe siècle).

(2) Quand on a des raisons solides de croire que ce sont des esprits des hommes défunts qui gardent les trésors, il est bon d'avoir des cierges bénits au lieu des chandelles communes. — *Grimoire du XVIe siècle (Petit Albert).*

Les élémentaires sont donc des entités humaines évoluées, tandis que les élémentals n'ont pas encore passé par l'humanité ; point très important à retenir (1).

La théorie « des images astrales » est une des plus particulières parmi celles qui sont exposées par l'occultisme, pour l'explication des phénomènes les plus étranges ; aussi devons-nous la résumer de notre mieux.

L'exemple de l'artiste et de la statuette montre qu'une des fonctions du « plan astral » était de conserver les types des formes physiques et de les reproduire, comme le moule conserve et reproduit les formes de notre statuette.

Cette propriété vient de ce fait que le plan astral peut être considéré comme un miroir du monde divin, qui reproduit en négatif les idées-principes, origine des formes physiques futures.

Mais l'occultisme enseigne que, de même que toute chose ou tout être projette une ombre sur le plan physique, de même tout projette un reflet sur le plan astral.

Quand une chose ou un être disparaît, son reflet en astral persiste et reproduit l'image de cette chose ou de cet être, telle que cette image était au moment précis de la disparition. Chaque homme laisse donc « en astral » un reflet, une image caractéristique. A la mort, l'être humain subit un changement d'état caractérisé par la destruction de la cohésion qui maintenait unis des principes d'origine et de tendance très différentes.

Le corps physique ou enveloppe charnelle retourne à la terre, au monde physique, d'où il était venu.

Le corps astral et l'être psychique, éclairés par la

____

(1) La réintégration sera universelle ; elle renouvellera la nature et finira par purifier le principe même du mal. Toutefois, pour cette œuvre, les êtres inférieurs ont besoin de l'assistance de ces esprits qui peuplent l'intermonde entre le ciel et la terre. Il faut donc entrer en commerce avec eux ; établir des communications par degré jusqu'à ce qu'on parvienne aux plus puissants. — MARTINEZ PASQUALLY (XVIIIᵉ siècle).

mémoire, l'intelligence et la volonté des souvenirs et des actions terrestres, passent dans le plan astral, surtout dans les régions les plus élevées où ils constituent un élémentaire ou un « esprit ».

La somme des aspirations les plus nobles de l'être humain dégagé de la mémoire des choses terrestres, autant que le somnambule est dégagé des souvenirs de l'état de veille, en un mot l'idéal que l'être humain s'est créé pendant la vie, devient une entité dynamique qui n'a rien à voir avec le moi actuel de cet individu et passe dans le monde divin.

C'est cet idéal plus ou moins élevé qui sera la source des existences futures et qui en déterminera le caractère.

C'est en se mettant en relation avec ces « images astrales » que le voyant retrouve toute l'histoire des civilisations évanouies et des êtres disparus. Une découverte toute récente, celle de la psychométrie, est venue montrer que ces affirmations de l'occultisme, qu'on pourrait prendre pour de la métaphysique pure, correspondent à des réalités absolues.

Supposez que votre reflet dans un miroir persiste, après votre départ, avec sa couleur, ses expressions et toutes ses apparences de réalité, et vous aurez une idée de ce qu'on peut entendre par « l'image astrale d'un être humain ».

Les anciens connaissaient parfaitement ces données et appelaient ombre l'image astrale qui évoluait dans les régions les plus inférieures du plan astral, même l'entité personnelle, le moi, qui évoluait dans les régions supérieures de l'astral; et enfin esprit proprement dit, l'idéal supérieur de l'être.

Que les incrédules ou ceux qui se figurent que l'occultisme est une invention moderne écoutent Ovide (1)!

(1) Il y a quatre choses à considérer dans l'homme : les mânes, la chair, l'esprit et l'ombre; ces quatre choses sont placées en chacune son lieu, la terre couvre la chair, l'ombre voltige autour du tombeau, les mânes sont aux enfers, et l'esprit s'envole au ciel. — OVIDE.

Dans l'évocation d'un être défunt, il faudra donc bien prendre garde si l'on a affaire à son « image astrale » ou à son moi véritable.

Dans le premier cas l'être évoqué se conduira comme un reflet dans un miroir. Il sera visible, il pourra faire quelques gestes, il sera photographiable ; mais il ne parlera pas. Tel est le fantôme de Banco dans *Macbeth*, fantôme visible seulement pour le roi et qui ne profère aucune parole.

Shakespeare était fort au courant des enseignements de l'occultisme.

Dans le second cas, l'être évoqué parlera, et plusieurs mortels pourront le voir en même temps. C'est le cas du fantôme mis en action par Shakespeare dans Hamlet.

Les phénomènes spirites dits de « Matérialisation » étaient connus de tous temps. Agrippa au xvi° siècle en donne une théorie complète, d'après l'occultisme, dans sa *Philosophie occulte*. Si, cependant, le xvi° siècle semblait encore trop rapproché, le lecteur peut lire avec fruit tous les détails d'une évocation d'après l'occultisme dans Homère (Odyssée, chant XI), où l'image astrale s'appelle εἴδωλον (1).

En résumé, le plan astral, intermédiaire entre le plan physique et le monde divin, renferme :

(1) Voici, du reste, à titre de curiosité, la description d'une conversation « par coups frappés », en 1528 :

« Advint aucuns jours après qu'Antoinette ouyt quelque chose entour d'elle faisant aucun son, et comme soubz ses pieds frapper aucun petiz coups, ainsi qui heurteroit du bout d'un baston dessoubz ung carreau ou un marchepied. Et sembloit proprement que ce que fesait ce son et ainsi heurtait fust dedans terre profondément ; mays le son qui se faisoit estoit ouy quasi quatre doys en terre toujours soubz les pieds de la diete pucelle. Je l'ai ouy maintes fois et en me répondant sur ce que l'enqueroys frapoit tant de coups que demandoys. — ADRIEN DE MONTALEMBERT, 1528.

S'ensuit toute une conversation entre l'âme de la morte et les nonnes, communication obtenue entièrement par coups frappés.

1° Des entités directrices présidant à la marche de tout ce qui évolue en astral. Ces entités psychiques sont constituées par les hommes supérieurs des humanités antérieures, évolués par leur propre initiative (Esprits directeurs de la Kabbale), ou par des êtres spéciaux du plan divin (Anges et Receveurs de lumière).

2° Des fluides particuliers formés d'une substance analogue à l'électricité, mais doués de propriétés psychiques : la lumière astrale.

3° Dans ces fluides circulent des êtres divers, susceptibles de subir l'influence de la volonté humaine : les élémentals.

4° Outre ces principes propres au plan astral, nous y trouvons encore les formes de l'avenir prêtes à se manifester dans le plan physique, formes constituées par la réflexion en négatif des idées créatrices du monde divin.

5° Les « images astrales » des êtres et des choses, réflexion en négatif du plan physique et base des « auras astraux ».

6° Des fluides émanés de la volonté humaine ou du monde divin et actionnant l'astral.

7° Des corps astraux d'êtres surchargés de matérialité (suicidés), d'êtres en voie d'évolution (élémentaires), et d'entités humaines traversant l'astral, soit pour s'incarner (naissance), soit après s'être désincarnés (mort). On peut aussi y rencontrer les corps astraux d'adeptes et de sorciers en période d'expérimentation.

8° Les idées forces générées, soit par des individus, soit par des collectivités et dynamisés ou non pas les élémentals constituant les clichés astraux individuels ou collectifs.

9° Les égrégores, ou images astrales à forme spécifiée, entretenues par les aspirations des collectivités et formant une extension de la classe précédente.

§ 2. — LES AURAS DE L'ÊTRE HUMAIN. — L'ENREGISTREMENT DES IDÉES DANS L'INVISIBLE !

Une série d'expériences très curieuses, poursuivies au début par un savant américain, du nom de Buchanan, sont venues montrer que chaque objet peut raconter une partie des faits auxquels il a assisté. La science qui dérive de cette pratique s'est appelée psychométrie ou mesure ou description au moyen de l'âme, car elle consiste à placer l'objet à étudier sur le front d'un être humain entraîné à cet effet. L'âme voit alors directement une série d'images, qui se rapportent aux faits les plus importants auxquels a été mêlé l'objet.

Prenons un exemple pour être mieux compris. Un jour, dans une réunion à laquelle assistaient plusieurs savants et littérateurs, j'avais amené un de nos amis qui a développé en lui cette faculté de la psychométrie : M. Phaney. Un assistant lui donna à étudier une vieille montre qu'il portait sur lui. Mon ami vit : 1º d'abord une cour (genre Louis XV), des nobles et des duels ; 2º une scène de la Révolution française, dans laquelle une vieille dame montait à l'échafaud et était guillotinée ; 3º une scène d'opération chirurgicale dans un hôpital moderne.

La personne qui avait donné la montre était stupéfaite ; cette montre avait appartenu à un de ses ancêtres tué en duel sous Louis XV ; 2º à une aïeule guillotinée sous la Révolution ; 3º mise en réserve, elle avait été retirée et portée le jour d'une opération faite à la femme de l'assistant.

Je cite un fait personnel de psychométrie ; mais on en trouvera des centaines dans les livres spéciaux.

Ce qui résulte de tous ces phénomènes, c'est que chaque objet peut porter son histoire écrite invisiblement autour de lui.

Il en est de même pour l'être humain. Chacun de

nous porte autour de lui un rayonnement invisible
à l'œil de chair, mais perceptible pour l'âme entraînée.

Dans ce rayonnement sont inscrits sous forme
d'image les résultats les plus importants de nos pensées et de nos actions. Ce rayonnement s'appelle,
d'après la tradition, *Aura*, et il y a une aura pour
chaque principe. Il y a donc un rayonnement ou aura
du corps physique très peu étendu, un rayonnement
ou aura du corps astral, enfin un rayonnement ou aura
de l'esprit. C'est ce dernier qui a été connu des traditions religieuses qui ont entouré d'auréoles les têtes des
saints et de divinités pour le symboliser.

C'est grâce à ce rayonnement des principes de l'être
humain que s'expliquent beaucoup de phénomènes en
apparence étranges, comme les sympathies ou les anti-
pathies subites lors de la première rencontre d'un être,
comme les intuitions et les prévisions dites incons-
cientes, etc.

L'occultiste entraîné, c'est-à-dire qui a développé
ses facultés de perception de l'invisible, se rend compte
à première vue de la valeur réelle d'un être humain, non
pas d'après ses habits, non d'après son aspect extérieur, mais d'après son rayonnement invisible.

L'homme qui se croit bon, ou puissant, ou supérieur
aux autres hommes, celui qui juge et qui critique sans
cesse les autres, celui qui croit éviter les souffrances
par l'isolement, au lieu de partager celles de ses
semblables, tous ceux-là peuplent leur atmosphère invisible de vilaines images, que le voyant et même le somnambule verront parfaitement.

Par contre, les bonnes actions, la certitude qu'on
n'est pas meilleur que les autres et que les circonstances seules vous ont permis de ne pas faire le mal
qu'on accuse les autres d'avoir fait, les humiliations
librement consenties et supportées sans faiblesse,
l'exercice de la vraie charité non seulement physique,
mais surtout morale; tout cela peuple l'atmosphère invi-

sible de belles représentations sympathiques, d'images lumineuses, qu'on appelle dans les cercles d'initiés : des clichés.

Les objets, les individus, les nations et les astres ont chacun leurs clichés, bons ou mauvais, et c'est à leur étude qu'étaient voués les anciens collèges de prophètes.

Cette existence des émanations invisibles de l'homme nous amène à résumer la magie ou l'exercice des facultés occultes de l'être humain. Ce résumé est nécessaire pour éviter bien des superstitions et des erreurs que fait naître ce terme de « Magie ».

De même que l'occultisme, la magie exige de ses élèves des aptitudes morales en outre des connaissances intellectuelles. Il astreint aussi ses disciples à un entraînement particulier, portant sur le régime alimentaire et sur la respiration, et destiné à assurer le contrôle de la volonté sur l'organisme, dans tous ses plans. C'est seulement après cet entraînement préliminaire que l'occultiste prend conscience des forces latentes renfermées dans la nature et dans l'homme, et non encore découvertes par la science ordinaire, bien que celle-ci s'en approche chaque jour davantage, et il peut comprendre tout ce qui se cache de vérités ou d'erreurs sous ce terme de magie. Avant donc d'aborder les diverses magies : humaine, naturelle, infernale, divine, nous allons nous occuper de cet entraînement et de ses résultats.

Le produit le plus élevé généré par l'organisme humain, dans sa partie purement machinale, est la force nerveuse, et toute l'activité du débutant va être consacrée à obtenir cette force nerveuse aussi pure et aussi délicate que possible, puis à concentrer cette force, aussi épurée, aussi active qu'il pourra le faire, sur un point bien limité de l'organisme, du cerveau, ou même de l'extérieur, car cette force peut être projetée à distance. Or la production de la force nerveuse est directement liée au régime alimentaire, et son épuration à la pureté même de ce régime, appuyé par des exercices de respiration appropriés,

Le régime le plus propre à agir efficacement sur la force nerveuse est celui dans lequel entrent le moins de substances animales, et, à ce propos, le régime pythagoricien est le plus favorable. Mais ce régime, de même que le jeûne de beaucoup de religions modernes, n'était pratiqué que pendant un certain temps : quarante jours au maximum, dans toute sa rigueur. Ensuite, l'étudiant revenait au régime mixte atténué, ou restait exclusivement végétarien, suivant son tempérament, ou ses goûts, ou suivant la contrée qu'il habitait.

Le principal était d'éviter l'introduction dans l'organisme de ce que Descartes appelait « les esprits animaux ». Aussi, tous les animaux devant servir à la nourriture des prêtres étaient-ils abattus d'après un rite spécial, et non assassinés, comme de nos jours. les excitants étaient absolument proscrits, et, seuls, l'encens, la myrrhe et quelques plantes agissant directement sur l'esprit, étaient utilisés.

Les exercices respiratoires avaient pour but d'augmenter ou de diminuer à volonté la quantité d'acide carbonique du sang, et, cela, en retardant ou en activant l'expiration. Plusieurs sectes bouddhistes et quelques fraternités de l'Islam pratiquent encore les exercices respiratoires. Par cet entraînement, l'étudiant entrait plus intimement en rapport avec la nature invisible, le monde des rêves s'ouvrait d'abord à lui; puis la vision directe et l'intuition se développaient progressivement, et les premiers pas s'affermissaient dans la voie des mystères.

Abordons maintenant les diverses magies.

La magie humaine, ou du microcosme, renferme toutes les actions directes des êtres humains les uns sur les autres et surtout l'action de l'homme entraîné sur l'homme non entraîné. Sa clef est l'utilisation du

corps astral, et sa direction consciente ce qui la diffé-
rencie immédiatement de la médiumnité.

C'est là que l'entraînement progressif par le régime
et la respiration joue un rôle capital. La pratique à
atteindre consiste en effet à obtenir la sortie consciente
et progressive du « double astral » hors du corps physique. Ce dédoublement, cette extériorisation, comme
diraient les expérimentateurs modernes, forme une des
applications les plus intéressantes pour la galerie, mais
les moins réellement utilisées, des véritables pratiques
de la haute science. Les débutants et les ignorants
seuls peuvent croire que le dédoublement est autre
chose qu'une pratique de gymnastique psychique. Ce
dédoublement de l'être humain, connu de toute antiquité, commence à se présenter aux expérimentateurs
contemporains, déguisé encore sous les faits de télépathie, de médiumnité spirite et d'hypnose profonde.
Tous ces faits sont liés à la sortie, non pas consciente,
mais bien inconsciente du corps astral, et cette dernière s'obtient bien plus facilement que la première.
Dans ce genre d'expériences, le sujet est endormi,
soit par un assistant, soit sous une autre influence
quelconque, et il produit, à distance, des déplacements
d'objets sans contact et dans de bonnes conditions de
contrôle. L'occultisme affirme qu'il ne s'agit pas là
d'actions d'esprits (ce que prétendent la plupart des
spirites), mais seulement d'une action à distance du
corps astral du médium. Les expériences de contrôle
poursuivies par M. de Rochas et d'autres en France et
en Angleterre sont venues confirmer en tous points les
affirmations traditionnelles de l'occultisme en montrant qu'il existait une relation étroite entre les mouvements de muscles du médium et les actions produites à distance et sans fraude.

Une autre série de phénomènes, dus à la sortie du
corps astral, sont les faits de vision à distance, obtenus consciemment par saint Antoine de Padoue, par

Swedenborg et, antérieurement encore, par Apollonius de Tyane, et inconsciemment par quelques bons sujets des magnétiseurs du commencement du XIXᵉ siècle. C'est par ce procédé de vision directe que sont contrôlées les affirmations des diverses révélations religieuses concernant l'état et les transformations de l'esprit après la mort physique. Dans ce cas, les occultistes, apportant d'autres éléments de démonstration que les raisonnements philosophiques, il nous sera utile de nous arrêter quelque peu sur ce point.

Il nous reste à parler de la magie inversive, magie noire ou sorcellerie. Stanislas de Guaita l'a fort bien définie : la mise en œuvre, pour le mal, des forces occultes de la nature. Alors que le magiste fait tous ses efforts pour aider à l'évolution des forces naturelles, le sorcier, lui, s'emploie de toutes ses forces à paralyser la libre expansion des forces évolutives au bénéfice des forces de mort et d'involution. Dans la majeure partie des cas, celui qui se croit doué d'un pouvoir maléfique est un pauvre ignorant qui ne possède qu'un secret puéril de magnétisme et qui, alors, utilise de son mieux son savoir pour terroriser ses voisins et pour leur soutirer de l'argent. Car c'est encore une distinction caractéristique des écoles d'initiation occultistes que la défense absolue de demander ou de recevoir ni cadeaux ni argent pour ses besoins personnels, en récompense d'une assistance par les moyens magiques. C'est ainsi que les talismans, qui sont généralement de simples fixateurs de forces magnétiques, doivent être faits personnellement par celui qui veut les utiliser et ne doivent jamais être ni achetés, ni vendus, sous peine d'être mis au ban des écoles sérieuses d'occultisme. Le sorcier qui entre franchement en lutte avec toutes les forces divines de l'invisible est, dans la majeure partie des cas, un monomane d'orgueil ou un aliéné. Il ne faudrait pas croire que les lumières projetées sur tout par la science du XIXᵉ siècle aient fait disparaître ce type du grand révolté contre Dieu. Un des ouvrages de Stanislas de Guaita nous donne une foule de documents authentiques sur l'abbé B..., prêtre défroqué se disant disciple de Vintras et qui avait établi à Lyon le siège de ses opérations. Or une enquête faite sur la vie antérieure de ce soi-disant terrible sorcier a révélé plusieurs condamnations, tant ecclésiastiques que correctionnelles, qui ne laissent aucun doute sur l'état mental de ce prétendu suppôt de l'enfer.

L'envoûtement, ou action à distance au moyen d'un objet en rapports magnétiques avec le maléficié, objet nommé : Volt ou Vult, a été très adroitement rattaché à l'hypnose profonde et à l'extériorisation de la sensibilité par M. de Rochas, dans une série de curieuses expériences. Une des plus caractéristiques consiste à donner à tenir un morceau de cire sensibilisé loin du sujet et à le piquer avec une épingle ; le sujet éprouve la sensation de la piqûre, comme si on la lui avait faite directement. Une épreuve photographique, dont le cliché a été tiré en état d'extériorisation du sujet, présente des relations analogues même à distance et sans contact. Ces expériences et d'autres du même genre ont été vérifiées par le Dr Luys et par moi-même à la Charité ; mais elles sont en trop petit nombre pour constituer autre chose que des indications, dont l'avenir se chargera de préciser le caractère exact.

Les pactes que le sorcier signait de son sang et remettait au diable rentrent dans la catégorie des conjurations et de leurs conséquences cérébrales. Il en est de même de la messe noire et d'autres pratiques du même genre, qui se rattachent à la Goétie.

La magie des campagnes, avec ses formules naïves, n'est pas de la sorcellerie, mais bien, le plus souvent, du magnétisme mystique basé sur de vieilles traditions chrétiennes. Ainsi la formule pour empêcher les brûlures de faire mal : *Feu de Dieu, perds ta chaleur, comme Judas perdit sa couleur, quand il trahit Notre-Seigneur au jardin des Oliviers*, est un charme des élémentals, comme presque toutes les formules employées dans les campagnes et n'a rien à voir avec la Goétie. Au contraire, réciter le *Pater* à l'envers, pour faire tourner le lait, est une pratique de sorcellerie.

La théurgie n'agit qu'au moyen de la prière et du sacrifice. C'est donc tout le contraire de la magie, et nous n'en parlerons ici que parce que certains auteurs l'ont citée comme la magie divine. Le théurge, en effet, ne possède les pouvoirs qui constituent sa qualité qu'à la suite de grâces acquises, soit par la réincarnation volontaire, soit par toute autre cause du même genre. A sa voix, et surtout à sa prière, la maladie, la mort même reculent et s'arrêtent, les cerveaux humains se modifient, et les clichés astraux eux-mêmes peuvent être changés ou reculés. Ces clichés sont ceux que voient se former les prophètes dans le plan astral, et toute prophétie peut être ainsi annihilée par l'action d'un théurge. De tels pouvoirs ne sont pas donnés à l'orgueil ni à l'ambition et, pour éviter tout écart, la loi veut que le théurge ne puisse rien, par les moyens mystiques, sur les siens et sur lui-même. Ainsi, si le plan physique lui est soumis, ses enfants, s'il se marie pour supporter intégralement toutes les charges sociales, ses proches, dans l'autre cas, sont des otages du destin. Je connais personnellement en France un être humain doué de pareils pouvoirs. J'ai vu, en compagnie d'autres confrères médecins, des « mal de Pott » disparaître en quelques minutes, des tibias se redresser, pour ne parler que des faits médicaux. La guérison est d'autant plus foudroyante que les parents (quand il s'agit d'enfants) ou les solliciteurs ont davantage souffert ou ont fait plus de bien anonyme autour d'eux. Il est souvent défendu au théurge de guérir l'enfant de millionnaires égoïstes, alors qu'une pauvre marchande des rues verra son petit instantanément arraché à la mort. Le temps et la distance n'existent pas, pour les œuvres de théurgie, et l'opérateur verra et agira aussi bien de Lyon à Paris que d'une rue à une autre. Il est défendu de nommer directement ceux qui ont de tels pouvoirs, et le silence est ce qu'ils recherchent par-dessus tout. On me permettra de me conformer à cette règle, d'autant plus que nous devions simplement dif-férencier ici la théurgie de la magie. Disons en termi-nant que la théurgie jette de vives lumières sur le christianisme et que le culte de Notre-Seigneur Jésus-Christ et de la Vierge est inhérent à ces pratiques de haute théurgie, cependant si ignorées et si re-doutées de l'Église, qui confond théurges et sorciers dans une même crainte superstitieuse.

*

Résumons donc ce que nous venons de dire en éta-blissant quelques références historiques :

La science occulte, enseignée dans les sanctuaires antiques, se divisait en quatre sections :

L'étude et le maniement des êtres et des forces élé-mentaires ou alchimie.

L'étude ou le maniement des forces astrales ou ma-gie.

L'étude et le maniement des forces occultes de l'homme ou psychurgie.

Enfin l'étude des forces de l'empyrée et de leurs re-lations ou théurgie.

Chacune de ces sections comprenait des subdivi-sions spéciales.

De nos jours, des bribes de ces enseignements pra-tiques ont été retrouvées et sont mises en œuvre par des profanes sous les noms de magnétisme, hypno-tisme, spiritisme, télépsychie, télépathie, psychométrie et sorcellerie. Nous allons cependant passer en revue les rapports de ces études, toutes modernes, avec les enseignements de l'occultisme.

L'homme, par un entraînement spécial portant sur la respiration, peut accumuler en lui le dynamisme nerveux.

Par la prière, il spiritualise cette force accumulée ; par le verbe, il la concrète, et, par l'action et la volonté, il la dirige hors de lui (1).

L'ébranlement nerveux déterminé par cette série d'entraînements produit un état spécial, état dans lequel une partie du corps astral s'extériorise et peut agir à distance.

Cette action est alors consciente et répond au Fakirisme des Indous ou à la magie des anciens.

Mais, dans la plupart des cas actuels, cette action est semi-consciente (expérience de Horace Pelletier), ou inconsciente tout à fait (expériences des médiums), et des objets pourront être mus à distance et sans contact sous cette influence.

Ces phénomènes sont analogues à ceux de l'aimant agissant à distance et sans contact, et même, à travers certaines substances matérielles, sur des objets métalliques ; mais ici l'aimant est remplacé par un être humain, et le corps astral tient lieu de modificateur du champ magnétique.

Les phénomènes du magnétisme des modernes sont produits par l'action du corps astral (fluide) d'un être humain sur le corps physique ou le corps astral d'un autre.

Cette puissance d'action était décrite au xvie siècle par Agrippa dans son chapitre sur la sorcellerie (2).

---

(1) L'âme purifiée par la prière tombe sur les corps comme la foudre ; elle chasse les ténèbres qui les enveloppent et les pénètre intimement. — PARACELSE (xvie siècle).

(2) La sorcellerie est une liaison ou un charme qui, de l'esprit du sorcier, passe par les yeux de celui qu'on ensorcèle à son cœur, et le sortilège est l'instrument de l'esprit.

C'est-à-dire une vapeur pure, luisante, subtile, provenant du plus

C'est encore à la possibilité qu'a le corps astral de s'extérioriser que se rapportent les idées des anciens sur l'envoûtement et l'action à distance, idées confirmées tout dernièrement par les expériences de suggestion hypnotique, de télépsychie et par les derniers travaux de M. de Rochas (*Initiation*, avril 1892).

La psychurgie étudiait l'évocation des âmes et leur action sur le microcosme.

L'évocation pouvait porter sur des « images astrales » ou sur des « élémentaires ».

Dans le premier cas, un entraînement particulier mettait l'évocateur en état de somnambulisme demi-conscient, c'est-à-dire ouvrait à ses yeux le monde astral, tout en respectant le reste de son organisme. (Presque tous les phénomènes modernes de télépathie rentrent dans ce cas.)

Dans le second cas, l'évocateur était isolé électriquement (par ses vêtements et par le sol) et psychiquement (par le cercle) du monde astral dont on attirait les êtres au moyen de l'évocation mentale aidée de substances capables d'augmenter le dynamisme des êtres évoqués (1).

Dans ce cas, l'âme évoquée s'entourait de fluide as-

---

pur sang engendré par la chaleur du cœur, lequel renvoie continuellement par les yeux des rayons qui sont semblables, et ces rayons portent avec eux une vapeur ; cette vapeur porte le sang comme nous en voyons dans les yeux chassieux et ronges, dont le rayon envoyé aux yeux de ceux qui le regardent attire, avec la vapeur, du sang corrompu et leur fait contracter la même maladie. Ainsi un œil étendu ou ouvert qui jette ses rayons sur quelqu'un avec une forte imagination, avec la pointe de ces rayons qui sont les voituriers ou les charriots ou porteurs de l'esprit, cet esprit lent battant les yeux de l'ensorcelé, étant excité par le cœur de celui qui le bat, étant entré dans l'intérieur de celui qu'il frappe et s'en étant rendu maître comme d'un pays qui lui appartient, cet esprit étranger blesse son cœur et l'infecte. — AGRIPPA (XVIᵉ siècle).

(1) Et partant, cette image de l'âme, prenant quelquefois un corps d'air, se couvre d'une ombre et, s'en enveloppant, elle donne tantôt des avis à ses amis, tantôt elle travaille ses ennemis ; car les passions, le ressouvenir, les sensations restent avec l'âme après qu'elle est séparée d'avec le corps. — AGRIPPA (XVIᵉ siècle).

tral (s'entourait d'un petit corps d'air, disent les anciens), qui lui permettait de se rendre visible et de se matérialiser.

La substance constituant ces fluides qui entourent l'être évoqué a beaucoup d'analogie avec l'électricité. De là les pointes métalliques qu'on employait dans ces sortes d'évocations.

Aujourd'hui, l'empirisme le plus complet a remplacé ces rites de l'occultisme, basés sur une connaissance approfondie de la question.

Les séances de matérialisations spirites sont très rares, ne peuvent être produites à volonté, et ce sont le plus souvent des entités astrales qui dirigent les phénomènes, d'ailleurs très véritables, qui prennent naissance.

Un autre procédé d'évocation consistait à remplacer le *Moi* d'un sujet entraîné par la personnalité évoquée. De là les sybilles de l'antiquité, dont « la fureur » correspondait à nos modernes manifestations de la crise hystérique, de là les médiums à incarnations, sujets somnambuliques ayant subi un entraînement particulier.

L'occultisme a toujours enseigné la possibilité qu'ont les entités de l'astral d'utiliser les êtres humains pour leurs communications (1).

L'évocation des « images astrales », dont l'existence est affirmée par l'occultisme depuis longtemps, vient

---

(1) L'on dit, outre cela, que l'humeur mélancolique est si impérieuse que, par son feu, sa violence et son impétuosité, elle fait venir les esprits célestes dans les corps humains, par la présence et l'instinct ou l'inspiration desquels tous les Anciens ont dit que les hommes étaient transportés et disaient plusieurs choses admirables.

Ils disent donc que l'âme étant poussée par l'humeur mélancolique, rien ne l'arrête, et qu'ayant rompu la bride et les liens des membres de son corps, elle est toute transportée en imagination et devient aussi la demeure des démons inférieurs, desquels elle apprend souvent ces manières merveilleuses des arts manuels ; c'est par là qu'un homme fort ignorant et fort grossier devient tout d'un coup un habile peintre, ou un fameux architecte, ou un habile maître en quelque autre art. — AGRIPPA (XVIᵉ siècle).

d'être mise à jour expérimentalement dans le monde profane par la découverte de la psychométrie (1).

Plusieurs expériences, faites sous nos yeux à Paris, ont pu nous convaincre de la réalité des faits observés en Amérique et en Allemagne.

En résumé :

Tous ces phénomènes de déplacements d'objets sans contact, d'apparitions de personnes décédées, de matérialisation ou d'incarnations, de télépsychie et de télépathie se rapportent presque tous à la psychurgie des anciens. Ils sont basés sur ce fait que les appareils physiques, générateurs des forces étudiées jusqu'à présent, sont remplacés par un être humain qui a subi un certain ébranlement nerveux, c'est-à-dire par un appareil psychique, générateur de forces encore non définies.

De là les conditions si difficiles d'expérimentation, de là la fraude, le mensonge, l'orgueil des médiums et des sujets. Mais, encore une fois, rien n'est surnaturel dans tout cela, il n'y a là que « du naturel » un peu plus élevé que celui que nous connaissons, et voilà tout.

Dans quelques villages on trouve encore des « sorciers » produisant des phénomènes sérieux. Le sorcier a conservé tant bien que mal des bribes d'anciennes pratiques d'occultisme, et, servi par une volonté exercée par la solitude, il manie les fluides magnétiques et psychiques avec assez de puissance.

Le sorcier est à l'occultiste ce que l'ouvrier est à l'ingénieur.

L'ouvrier sait faire « sa pièce » d'après les règles qu'il a apprises à l'atelier ; mais il ne sait pas les discussions mathématiques touchant les courbes que son tour produit.

De son côté, l'ingénieur, capable d'établir les règles

_____

(1) Tout un chapitre du *Crocodile de Saint-Martin* est consacré à la description de ces images astrales.

qui doivent guider l'ouvrier, serait fort embarrassé s'il lui fallait faire lui-même et ajuster une pièce complète.

Ainsi le sorcier produit en quelque sorte mécaniquement des phénomènes occultes, dont l'occultiste connaît la raison d'être et la théorie (1).

L'occultiste pratiquant, dont il se trouve quelques représentants en Afrique et dans l'Inde, est comparable à l'ingénieur qui connaît pratiquement plusieurs métiers et qui en a fait un sérieux apprentissage.

Aussi voit-on l'inanité de ceux qui s'intitulent « mages » ou « hiérophantes » à notre époque et qui sont incapables de produire des phénomènes psychiques de dernier ordre.

Ceci nous amène à dire quelques mots des opérations pratiques de l'occultisme.

En règle générale, le principe directeur dans toute opération est la volonté humaine ; le moyen d'action, l'outil employé est le fluide astral humain ou naturel, et le but à atteindre est la réalisation (sur le plan physique généralement) de l'opération entreprise.

Les cérémonies, les difficultés accumulées par le rituel, les symboles constituent les procédés les plus élémentaires d'entraînement de la volonté humaine.

L'hygiène physique (aliments, végétarisme, jeûne), animique (rythme respiratoire) et psychique (spiritualisation des sensations) sont destinées à l'entraînement du corps astral ainsi que les parfums.

Par contre, l'emploi de l'épée, de la coupe, du sceptre, du cercle et des talismans ainsi que les paroles proférées avec force sont destinées à l'action sur l'astral de la nature et sur les êtres qui le peuplent.

(1) Voir à ce propos l'important et savant ouvrage de Stanislas de Guaïta : *Le Serpent de la Genèse*. C'est sans contredit la plus belle étude contemporaine sur la sorcellerie et l'histoire du diable.

Le problème magique consiste à obtenir consciemment et sans médium tous les phénomènes obtenus par les modernes spiritualistes dans leurs séances obscures et d'autres encore.

Il faut donc qu'une partie du corps astral de l'opérateur soit projetée au dehors et trouve un appui dans les substances disposées d'avance à cet effet. Et l'opérateur ne doit jamais perdre conscience, car alors ce ne serait non plus un occultiste pratiquant, mais un sujet ou un médium inconscient. Ce résultat d'action consciente sur l'astral est journellement obtenu dans l'Inde. L'emploi des sujets magnétiques facilite beaucoup les opérations magiques, en permettant la suppression de la victime, dont le corps astral était utilisé, et permet d'obtenir des phénomènes très importants ; c'est ce que nous avons pu constater nous-même.

Le groupement des étudiants sérieux est donc fort important, et c'est là ce que redoute particulièrement celui qui exhorte ses disciples à s'égoïser dans la solitude et l'orgueil. Un étudiant en occultisme qui travaille depuis un an seulement comprend assez la raison d'être de telles exhortations, pour qu'il nous soit inutile d'insister.

En résumé, l'occultisme pratique demande une série d'efforts très sérieux, basés sur une connaissance assez approfondie des forces occultes de la nature et de l'homme pour mériter l'attention de tout chercheur consciencieux.

Et, plus on étudie, plus on peut se rendre compte qu'il n'y a là rien qui aille à l'encontre des enseignements positifs de nos sciences actuelles. Les forces étudiées sont analogues au magnétisme et à l'électricité, avec l'intelligence animale en plus ; les générateurs de ces forces sont des êtres vivants, au lieu d'être des machines ou des appareils physiques ; de là de nouvelles propriétés et de nouvelles méthodes d'expérimentation mais, encore une fois, rien de tout cela n'est surnaturel, car le surnaturel n'existe pas (1).

Le sorcier qui cueille à minuit des plantes sur la montagne en prononçant des mots étranges et en faisant des gestes bizarres n'est pas plus aliéné en soi que la locomotive qui siffle et qui jette des flammes sur la voie ferrée. La locomotive est une machine génératrice consciente de force physique et qui s'entraîne. Quand on voudra bien ramener le problème à ses justes limites, les expériences spirites pourront devenir la base d'un enseignement réellement scientifique. Les mystiques y perdront ; mais la science y gagnera.

Encore une fois, toutes ces pratiques, si étranges et si nouvelles pour nous, étaient parfaitement connues de l'antiquité.

On enseignait, dans les mystères que l'homme qui s'exerçait aux pratiques psychurgiques et qui parvenait à l'extase puisait à la source directe de toutes les connaissances (2).

En s'élevant seulement jusqu'au plan astral par la fureur (transe de nos jours), l'être devenait capable d'exercer les pouvoirs du prophète. Ce don de prophétie n'était développé qu'à la suite de pratiques longues et très sérieuses.

Tout cela est perdu, ou à peu près, pour nos contemporains d'Occident (3).

---

(1) De cette manière, tout ce que pense l'esprit d'un homme qui aime ardemment a de l'efficacité pour l'amour; et tout ce que pense l'esprit d'un homme qui hait beaucoup a de l'efficacité pour nuire et pour détruire. — AGRIPPA (XVIᵉ siècle).

(2) La connaissance par excellence a lieu, sans l'aide de l'intelligence, par l'extase, analogue à la vision qu'on éprouve dans le sommeil. — PORPHYRE (IIIᵉ siècle).

(3) La prophétie est un état de perfection que la providence n'accorde pas à tous les hommes, mais qui ne peut exister cependant qu'avec certaines facultés et certaines conditions naturelles, les unes physiques, les autres morales, les autres intellectuelles.

Au premier rang de ces conditions, il faut placer l'imagination; car elle seule peut expliquer les visions, les songes prophétiques, et ce qu'il y a souvent de bizarre et de choquant pour nous dans les récits des prophètes.

A l'imagination doit se joindre une raison prompte et tellement

§ 3. — LES ESPRITS

L'homme a des facultés occultes, complétées par les forces occultes de l'Univers que nous venons d'étudier en partie. Il nous reste, pour terminer ce chapitre, à parler de la classification des « Esprits ».

Nous pouvons terminer ici ce qui a trait à la magie humaine et nous allons parler maintenant de la magie naturelle, véritable métaphysique astrale, et celle que beaucoup d'anciens hermétistes étudiaient de préférence. Elle avait pour but de faire agir la volonté humaine dynamisée sur les forces vivantes de la nature. Sa clef est la lumière astrale, agissant dans la nature, comme le corps astral agit dans l'homme; l'étude de ce genre de magie est, en grande partie, basée sur l'astrologie (voyez ce mot), le septénaire planétaire et le duodénaire zodiacal. Toutes les opérations magiques sont, en effet, subordonnées à l'état astrologique du ciel. Ce premier point établi, l'opérateur s'efforçait d'agir sur les intelligences ou « esprits » de différents ordres qui actionnent les divers plans de la nature. Car, pour l'occultiste avancé, tout, dans la

exercée qu'elle puisse saisir les choses d'un coup d'œil et passer de l'une à l'autre, sans avoir conscience de sa marche.

Il existe, en effet, dans chacun de nous, une certaine faculté de juger de l'avenir par le présent, et qui se change par l'exercice en une véritable intuition: cette faculté, portée à sa plus haute perfection, devient un des éléments de la prophétie.

Mais ce n'est rien de voir promptement les choses éloignées et de les voir avec son esprit, comme on pourrait le faire avec les yeux; il faut encore avoir le désir de les faire connaître aux autres quand elles peuvent leur être utiles et le courage de les proclamer en face même de la mort; en un mot, le caractère doit être au niveau de l'intelligence.

Enfin, la première condition que le prophète doit remplir, c'est que son tempérament et sa constitution physique n'apportent point d'obstacle à ce noble essor de l'âme; car il existe une relation intime entre certaines facultés de l'esprit et certains organes du corps, notamment entre l'imagination et le cerveau. — MAIMONIDES (XIIᵉ siècle) (2ᵉ partie, ch. XXXVI à XXXXVIII).

nature, est l'œuvre d'esprits de degrés plus ou moins
élevés. La classification de ces esprits joue un très
grand rôle dans la magie naturelle, aussi nous faut-il
insister quelque peu sur ce sujet si important et si
obscur.

Les esprits se divisent, pour les occultistes, en deux
premières grandes sections : 1° les esprits inférieurs à
la nature humaine, appelés par les anciens : esprits
des éléments, et par les modernes, depuis Paracelse,
élémentals. Ces esprits sont mortels, mais peuvent
acquérir l'immortalité en s'élevant jusqu'à la nature
humaine.

C'est à cette catégorie que se rattachent les Sylphes,
ou esprits de l'air, les Salamandres, ou esprits du feu,
les Ondins ou esprits de l'eau, et les Gnomes ou esprits
de la terre, des anciens et des rose-croix. Les élémentals agissent dans la nature, comme les cellules embryonnaires agissent dans l'homme : ils président à la
construction, à la destruction et la défense des sections dont ils ont la garde. Louis Michel de Figanières
est l'auteur contemporain qui les a le mieux décrits,
sous le nom « d'humanimaux » et d'hominicules. Ce
sont ces esprits, n'étant par eux-mêmes ni bons ni
mauvais et agissant bien ou mal selon l'impulsion qui
leur est donnée, qui, dans les séances spirites, s'amusent
aux dépens des assistants et des médiums, en se pré-
sentant comme Charlemagne ou Victor Hugo, au choix.

2° La seconde section est celle des esprits égaux ou
supérieurs à la nature humaine. C'est là qu'il faut classer « les esprits planétaires » de la Kabbale et les esprits des défunts, nommés par certains occultistes modernes : élémentaires. Il faut encore faire entrer dans
cette section les esprits supérieurs à l'homme, ceux
que l'Église désigne sous le nom d'anges et de démons,
et une troisième catégorie, connue seulement des pra-
ticiens et désignée sous le nom « d'esprits astraux ».
Ce sont ces derniers que Valentin désignait sous les

termes de receveurs pacifiques, receveurs des archons, et même d'archons dans sa *Pistis Sophia*. L'Église ne veut y voir que des démons, car elle a perdu toutes les clefs du plan astral. Tous ces esprits de la seconde section, ayant leur volonté propre, ne viennent, lors des évocations et conjurations, que s'ils le veulent bien ou s'ils y sont forcés. On ne peut les forcer que par la conjuration et, si quelque détail de la cérémonie est omis, ils ont tout pouvoir sur l'imprudent qui a pu se faire obéir sans en être digne. La cérémonie magique a donc une grande importance, et nous allons en résumer les principales phases.

La préparation à la cérémonie magique ou mieux à l'expérience de magie cérémonielle, consiste en jeûnes, plus ou moins prolongés, en purifications physiques et morales diverses. De plus, l'opérateur et ses aides (il faut être en nombre impair) doivent avoir préparé des vêtements spéciaux et un cabinet d'opération de couleur correspondante au jour choisi. C'est dans ce cabinet qu'est tracé le cercle magique, formé de trois cercles concentriques contenant les noms divins et les noms des anges du jour et de l'heure. Le cercle est la véritable forteresse de l'opérateur, car, tant qu'il reste enfermé dans le cercle, il est à l'abri des influences pernicieuses. Outre le cercle, l'opérateur possède encore, comme moyen de défense, une épée et, comme moyen de commandement, une baguette magique, dont la préparation exige un rituel spécial. Dans certaines cérémonies, qui se rattachent plus à la goétie qu'à la magie, il est fait usage d'une victime et de sang. Une fois entré dans son cercle, l'opérateur commence à haute voix l'appel des Esprits; cet appel prend le nom d'évocation quand on prie l'Esprit humblement, et de conjuration quand on force l'Esprit par des menaces et des noms divins à se manifester même contre son gré. Une fois l'apparition obtenue, il est indispensable de prononcer le renvoi des in-

fluences qui se sont présentées. C'est seulement après
ce renvoi que l'opérateur peut sortir impunément du
cercle.

Nous venons de résumer un type général de cérémonie magique. On comprend que ce type se modifie
selon les rituels et les circonstances. Mais ce qu'il faut
surtout retenir, c'est que les occultistes se défendent
avec énergie d'évoquer jamais des esprits démo-
niaques, et qu'ils combattent même les sorciers qui se
livrent à cette pratique. Du reste, la magie cérémonielle est généralement défendue dans les hautes fraternités, où la théurgie lui est, avec raison, de beaucoup
préférée. Les rituels de magie cérémonielle sont, le
plus souvent, des manuscrits. La Bibliothèque nationale en possède un très beau intitulé : *Les Clavicules
de Salomon*. La bibliothèque de l'Arsenal possède surtout des rituels de sorcellerie. Parmi les imprimés, le
meilleur est l'adaptation du quatrième livre d'Agrippa
par Pierre d'Aban. On a essayé de modernes traduc-
tions, mais elles contiennent de telles fautes de sens
qu'il vaut mieux recourir aux originaux. Une autre
grande variété de magie cérémonielle était la pratique
du grand-œuvre hermétique, se poursuivant entre le
laboratoire et l'oratoire. Les couleurs de l'œuvre reproduisaient les mystères de la création, et les récits
symboliques des anciens temples n'en étaient, le plus
souvent, qu'une adaptation.

CHAPITRE IV

THÉODICÉE

L'archétype et l'unité divine. — Dieu personnel et existant individuellement en dehors de sa création. — La chute et l'origine du mal. — La Tri-Unité. — *L'Esthétique* et les Symboles. — Le Sphinx et les Évangélistes.

Pour le matérialiste il n'y a pas de théodicée en dehors de la matière. Il n'en est pas de même pour le théologien. Ne pouvant réfuter les affirmations de l'occultisme, il a préféré les dénaturer et en calomnier les propagateurs. Certains philosophes, ne prenant leurs textes que de seconde main, ont suivi les théologiens, et voilà comment on en est arrivé à considérer les occultistes comme *panthéistes*. C'est là une grande erreur, que l'exposé suivant sur l'archétype suffira, pensons-nous, à détruire complètement.

L'ARCHÉOMÈTRE DE M. DE SAINT-YVES D'ALVEYDRE

Lorsque nous voulons nous figurer l'homme, c'est toujours l'image de son corps physique qui se présente la première à notre esprit.

Et, cependant, un peu de réflexion suffit pour nous faire comprendre que ce corps physique ne fait que supporter et manifester l'homme véritable, l'Esprit qui le gouverne.

On peut enlever des millions de cellules de ce corps physique, en coupant un membre, sans que pour cela l'unité de la conscience subisse la moindre atteinte. L'homme intellectuel qui est en nous est indépendant en lui-même des organes qui ne sont que des supports et des moyens de communication.

Il n'en est pas moins vrai cependant que, dans notre état actuel, ces organes physiques sont des plus utiles, sont même indispensables pour nous permettre de remonter à l'action de l'Esprit et de la comprendre. Sans cette base toute physique, nos déductions prendront le caractère vague et mystique des données exclusivement métaphysiques.

Mais une analyse toute superficielle peut seule nous conduire à confondre l'homme intellectuel avec l'homme organique, ou à rendre la volonté entièrement solidaire de la marche des organes.

Or, quand il s'agit de traiter la question de Dieu, on tombe la plupart du temps dans un des excès que nous venons de signaler à propos de l'homme.

L'ensemble des êtres et des choses existants supporte et manifeste la Divinité, comme le corps physique de l'homme supporte et manifeste l'Esprit.

Vouloir traiter de Dieu sans s'appuyer sur toutes ces manifestations physiques, c'est risquer de se perdre dans les nuages de la métaphysique, c'est demeurer incompréhensible pour la plupart des intelligences. C'est donc en nous appuyant sur la constitution de l'homme, d'une part, et sur celle de l'Univers, de l'autre, que nous allons nous efforcer de nous faire une idée de Dieu.

Dans l'homme, nous avons vu un être physique, ou plutôt organique, fonctionnant d'une façon machinale aussi bien durant la veille que pendant le sommeil. Au-dessus de cet être organique, nous en avons déterminé un autre : l'être intellectuel entrant en action dès le réveil et se manifestant presque exclusivement pendant l'état de veille.

La partie organique de l'être humain répond à l'idée
que nous nous sommes faite de la Nature. C'est la
même foi, fatale et régulière qui dirige la marche de
l'homme organique, comme celle de l'Univers, ce dernier étant formé d'organes cosmiques au lieu d'être
formé d'organes humains.

L'être intellectuel dans l'homme répondra par suite,
mais d'une façon très élémentaire, à l'idée que nous
pouvons nous faire de Dieu. Les rapports de l'homme
physique à l'homme intellectuel nous éclaireront sur les
rapports de la Nature et de Dieu, comme les rapports
entre l'être physique et l'Esprit dans l'homme peuvent
nous éclairer analogiquement sur les rapports de
l'homme avec Dieu.

Par là nous pouvons dès maintenant poser en principe que, si notre analogie est vraie, Dieu, quoique manifesté par l'Humanité et par la Nature, quoique agissant sur ces deux grands principes cosmiques, a cependant une existence propre et indépendante.

Mais l'Unité Première ainsi conçue n'a pas plus à
intervenir dans la marche des lois naturelles que l'Esprit conscient de l'homme n'intervient, à l'état normal,
dans la marche du cœur et dans celle du foie.

L'homme est le seul créateur et le seul juge de sa
destinée. Il est libre d'agir à sa guise dans le cercle de
sa fatalité, autant qu'un voyageur d'un train ou d'un
steamer peut agir comme il lui plaît dans sa cabine
ou dans son compartiment. Dieu ne peut pas plus être
rendu complice des fautes humaines que le chef du
train ou le capitaine du steamer ne sont responsables
des fantaisies des voyageurs qu'ils conduisent en avant.

Il faut donc, afin d'éviter toute erreur dans la suite,
bien distinguer que Dieu, tel qu'il apparaît au premier
abord, est l'ensemble de tout ce qui existe, de même
que l'homme est l'ensemble de tous les organes et de
toutes les facultés qui apparaissent en premier lieu.
Mais l'homme véritable, l'Esprit, est distinct du corps

physique, du corps astral et de l'être psychique, qu'il perçoit et qu'il domine. De même Dieu-Unité est distinct de la Nature et de l'Humanité, qu'il perçoit et qu'il domine. A parler d'une façon grossière, la Nature est le corps de Dieu, et l'Humanité est la vie de Dieu, mais autant que le corps matériel est le corps de l'homme, et le corps astral et l'Être psychique sont les principes vitaux de l'homme ; il s'agit là de l'homme organique et non de l'homme Esprit, qui, encore une fois, n'use de ces principes que comme moyen de manifestation (1).

Il n'en est pas moins vrai cependant que l'Esprit de l'homme est en relation par le sens interne avec la moindre parcelle de son organisme, parcelle sur laquelle il ne peut agir, mais qui, elle, peut se manifester à l'Esprit par la souffrance. De même, Dieu est présent médiatement ou immédiatement dans la moindre parcelle de la création, il est en chacun de nous comme la conscience humaine est présente à titre de réceptrice ou de motrice consciente dans chacune de nos cellules corporelles.

La nature et l'homme agissent donc librement, entourés de toutes parts par l'action divine circonférentielle, qui entraîne l'univers vers le progrès, sans intervenir despotiquement dans les lois naturelles ou dans les actions humaines. Ainsi le capitaine du steamer qui agit sur le gouvernail de son navire vogue vers le but du voyage sans intervenir dans le détail de la machinerie motrice (image de la nature), ou dans les occupations des passagers. Le capitaine gouverne cir-

(1) D'abord, Dieu n'existe qu'en puissance, dans l'unité ineffable ; c'est la première personne de la Trinité ou Dieu le Père ; puis il se révèle à lui-même et se crée tout un monde intelligible ; il s'oppose comme la pensée, comme la raison universelle: c'est la seconde personne de la Trinité ou Dieu le Fils, enfin il agit et il produit, sa volonté s'exerce et sa pensée se réalise hors de lui: c'est la troisième personne de la Trinité ou l'Esprit. Dieu passant éternellement par ces trois états, nous offre l'image d'un cercle dont le centre est partout et la circonférence nulle part.

conférentiellement le système général ; il n'a que faire de ce qui se passe à l'intérieur des cabines.

Cependant l'action du capitaine s'exerce sinon immédiatement, du moins médiatement :

1° Sur la machinerie par le porte-voix ;

2° Sur les voyageurs par les règlements de bord élaborés par le capitaine (1).

En Kabbale, on appelle Père le principe divin qui agit sur la marche générale de l'univers (action sur la barre), Fils le principe en action dans l'humanité, et Saint-Esprit le principe en action dans la nature. Ces termes mystiques indiquent les diverses applications de la force créatrice universelle.

***

L'univers, conçu comme un tout animé, est composé de trois principes, qui sont : la Nature, l'Homme et Dieu, ou, pour employer le langage des hermétistes, le macrocosme, le microcosme et l'archétype (2).

L'homme est appelé microcosme ou tout petit monde parce qu'il contient analogiquement en lui les lois qui régissent l'univers (3).

La nature forme le point d'appui et le centre de manifestation générale des autres principes. L'homme agissant sur la nature par l'action, sur les autres hommes par le verbe, et s'élevant jusqu'à Dieu par la prière et l'extase, constitue le lien qui unit la création au Créateur. Dieu enveloppant, de son action providen-

---

(1) Le principe de l'univers, c'est le père de la triade intelligible. — PORPHYRE (III° siècle).

(2) Il y a trois mondes, le monde archétype, le macrocosme et le microcosme, c'est-à-dire Dieu, la Nature et l'Homme. — R. FLUDD (XVI° siècle).

(3) L'homme forme à lui seul tout un monde appelé le microcosme parce qu'il offre en abrégé toutes les parties de l'univers. Ainsi la tête répond à l'empyrée, la poitrine au ciel éthéré ou moyen, le ventre à la région élémentaire. — R. FLUDD (XVI° siècle).

tielle les domaines dans lesquels agissent librement
les autres principes, domine l'univers dont il ramène
tous les éléments à l'unité de direction et d'action.

Dieu se manifeste dans l'univers par l'action de la
Providence qui vient éclairer l'homme dans sa marche ;
mais qui ne peut s'opposer dynamiquement à aucune
des deux forces primordiales (1).

L'homme se manifeste dans l'univers par l'action de
la volonté qui lui permet de lutter contre le destin et
d'en faire le serviteur de ses conceptions. Dans l'application de ces volitions au monde extérieur, l'homme
a toute liberté de faire appel aux lumières de la Providence ou d'en mépriser l'action.

La nature se manifeste dans l'univers par l'action du
destin qui perpétue d'une manière immuable et dans un
ordre strictement déterminé les types fondamentaux
qui constituent sa base d'action. Les faits sont du domaine de la nature, les lois du domaine de l'homme,
les principes du domaine de Dieu.

Dieu ne crée jamais qu'en principe, la nature développe les principes, créés pour constituer les faits ; et
l'homme, établissant par l'emploi que fait sa volonté
des facultés qu'il possède, les relations qui unissent

---

(1) C'est la nature qui préside à notre naissance, qui nous donne
un père, une mère, des frères, des sœurs, des relations de parenté,
une position sur la terre, un état dans la société ; tout cela ne
dépend pas de nous ; tout cela, pour le vulgaire, est l'ouvrage du
hasard ; mais pour le philosophe pythagoricien, ce sont les consé
quences d'un ordre antérieur, sévère, irrésistible, appelé Fortune ou
Nécessité.

Pythagore opposait à cette nature contrainte une nature libre qui,
agissant sur les choses forcées comme sur une matière brute, les
modifie et en tire à son gré des résultats bons ou mauvais. Cette
seconde nature était appelée puissance ou volonté : c'est elle qui
règle la vie de l'homme et qui dirige sa conduite d'après les éléments que la première lui fournit.

La Nécessité et la Puissance, voilà, selon Pythagore, les deux
mobiles opposés du monde sublunaire où l'homme est relégué, les
deux mobiles tirent leur force d'une cause supérieure, que les
anciens nommaient Némésis, le décret fondamental, et que nous
nommons Providence. — FABRE D'OLIVET.

les faits aux principes, transforme et perfectionne ces faits par la création des lois.

Mais un fait, quelque simple qu'il soit, n'est jamais que la traduction de la nature d'un principe émané de Dieu, et l'homme peut toujours rétablir le lien qui relie le fait visible au principe invisible, et cela par l'énonciation d'une loi (fondement de la méthode analogique).

*

Un steamer est lancé sur l'immense océan et vogue vers le but assigné par le terme du voyage.

Tout ce que contient le steamer est emporté en avant. Et, cependant, chacun est libre d'organiser sa cabine comme il lui plaît. Chacun est libre de monter sur le pont contempler l'infini ou de descendre à fond de cale. Le progrès en avant s'effectue chaque jour pour la masse totale; mais chaque individualité est libre d'agir à sa guise dans le cercle d'action qui lui est dévolu en partage.

Toutes les classes sociales sont là sur ce navire, depuis le pauvre émigrant, qui couche tout habillé dans un sac, jusqu'au riche yankee, qui occupe une bonne cabine. Et la vitesse est la même pour tous, riches, pauvres, grands et petits : tous aboutiront en même temps au terme du voyage.

Une machine inconsciente, fonctionnant d'après des lois strictes, meut le système tout entier. Une force aveugle (la vapeur), canalisée dans des tubes et des organes de métal, générée par un facteur spécial (la chaleur), anime la machine tout entière.

Une volonté dominant, et la machine organique, et l'ensemble des passagers, gouverne tout : le capitaine.

Indifférent à l'action particulière de chaque passager, le capitaine, les yeux fixés sur le but à atteindre, la main à la barre, conduit l'immense organisme vers le terme du voyage, donnant ses ordres à l'armée des intelligences qui lui obéissent. Le capitaine ne commande pas directement l'hélice qui meut le steamer, il n'a d'action immédiate que sur le gouvernail.

Ainsi l'Univers peut être comparé à un immense steamer, dont ce que nous appelons Dieu tient le gouvernail ; la Nature est la machinerie synthétisée dans l'hélice qui fait marcher tout le système aveuglément d'après des lois strictes, et les humains sont les passagers.

Le progrès existe, général pour tout le système, mais chaque être humain est absolument libre dans le cercle de sa fatalité. Telle est l'image qui peint assez clairement les enseignements de l'occultisme sur cette question.

Nous ne pouvons pas quitter la théodicée sans parler de la façon dont l'occultisme donne la solution de l'origine du mal dans l'Humanité.

**

Les problèmes du mal, de son origine et de sa fin, de la chute et de la réintégration de l'âme humaine, de la distinction des attributs divins et des rapports de Dieu et de la Nature, ont été, en effet, l'objet presque exclusif des recherches des grands mystiques de l'école occultiste, dont les plus connus sont : Jacob Bœhm, Martinez de Pasqually, Claude de Saint-Martin (le philosophe inconnu) et, dans la transcription des idées de Moïse à ce sujet, Fabre d'Olivet. Ce sont les idées de ces maîtres que nous allons résumer de notre mieux dans cette section.

Pour le problème du mal, il peut se résumer en ces quelques lignes : L'origine du mal doit être cherchée dans l'être humain et non ailleurs. Hoëné Wronski dans son *Messianisme* donne les plus grands détails sur ce point ; la cause du mal est la chute, et la fin du mal sera la réintégration de l'homme en Dieu, sans que le premier perde de sa personnalité. Tels sont les points que nous allons nous efforcer de développer.

Pour les occultistes, Adam ne représente pas un homme individuel, mais bien l'ensemble de tous les hommes et de toutes les femmes ultérieurement différenciés.

Cet homme universel occupait tout l'espace intra ou mieux inter-zodiacal, sur lequel il régnait en souverain. Cela se passait après la chute et la punition de l'ange rebelle, devenu le principe animateur de la matière, qui n'existait pas encore, en tant que réalisation, et qui n'était qu'en germe comme le fruit dans la graine ou l'enfant dans l'œuf maternel. L'imagination d'Adam, que Moïse nomme Aïsha, incitée par l'ange rebelle, présenta à l'Esprit de l'homme universel un raisonnement qui a provoqué presque toujours les chutes, non seulement universelles, mais même individuelles, à toutes époques. D'après ce raisonnement ce qui résiste et ce qu'on voit immédiatement et matériellement est plus puissant que ce qui est idéal, invisible et perceptible seulement par l'Esprit. Adam, séduit par cette idée de son imagination, se figura qu'en fournissant au principe de la matière le moyen de passer de l'état de germe à l'état de réalité, il unirait la puissance spirituelle de Dieu à la puissance matérielle, encore inconnue dans ses conséquences, et qu'il serait ainsi le maître de son créateur. Cette idée, une fois conçue, fut mise à exécution par la volonté libre d'Adam, et il vint donner à la matière, par son alliance avec elle, ce principe d'existence qui lui manquait. Aussitôt il fut enveloppé, dans tous ses organes spirituels, par cette matière qu'il croyait pouvoir diriger à son gré, et le principe d'égoïsme, de révolte et de haine qui constituait l'essence matérielle, s'efforça de faire descendre jusqu'à lui toutes les hautes aspirations d'Adam. La Bible, traduite exotériquement, dit à ce propos que l'être adamique fut couvert d'une peau de bête, allégorie symbolique de l'histoire réelle de la chute. C'est donc par l'exercice de sa libre volonté que la matérialisation de l'homme universel fut accomplie, et, sur ce point, tous les mystiques sont unanimes. Dieu n'avait à intervenir que pour atténuer les conséquences de cette catastrophe, qui avait matérialisé, en même temps qu'Adam, toute la Nature qui constituait son domaine et qui devait participer à sa réhabilitation. Pour atténuer l'acte de sa créature, le Créateur unissant le temps et l'espace qui étaient corollaires du plan physique, créa la différenciation de l'Être collectif ; chaque cellule d'Adam devint un être humain individuel, et Aïsha devint le principe de la vie universelle et de la forme plastique : Eve. L'homme dut, dès lors, épurer les principes inférieurs qu'il avait ajoutés à sa nature, par la souffrance, la résignation aux épreuves et l'abandon de sa volonté entre les mains de son créateur. Les réincarnations furent le principal instrument de salut, et comme tous les hommes sont les cellules d'un même être, le salut individuel ne sera total que lorsque le salut collectif sera accompli. Pour aider à ce salut, le Verbe divin vint participer à l'incarnation et à ses conséquences et dompter la mort physique et ses terreurs sur son propre domaine. On voit que les occultistes, dans leurs conceptions mystiques, sont essentiellement chrétiens, et les théosophes, comme Jacob Bœhm et Claude de Saint-Martin, sont caractéristiques à ce point de vue.

L'homme doit donc travailler, non seulement à son propre salut, à sa réintégration, comme dit Martinez, mais encore à la réintégration des autres êtres créés. Pour parvenir à ce but, les mystiques ont formé des associations, dont plusieurs subsistent encore de nos jours.

Cette histoire de la chute et de la réintégration, sur laquelle nous nous sommes un peu étendu, parce qu'elle est caractéristique et permet d'aborder la lecture de toute une littérature généralement inaccessible, est permanente et se recommence, dans ses lignes générales, pour chaque âme humaine. L'incarnation dans le corps physique représente, en effet, la première

chute, et la résistance ou la soumission de l'âme in-
carnée aux attractions passionnelles du plan physique
détruira ou constituera la seconde chute.

Sur les autres points de la théodicée, l'occultisme
se rattache en général aux doctrines kabbalistiques.
Ainsi, la constitution de Dieu en trois personnes :
Père, Fils et Saint-Esprit, a été l'objet de développements importants de la part de Guillaume Postel et des
kabbalistes chrétiens, dont Pistorius a réuni les
œuvres. Les preuves de l'existence de Dieu dérivent,
pour l'occultiste un peu avancé, de la vision directe du
plan invisible et, pour le débutant, de l'adhésion absolue
à la parole du Maître ; aussi une telle discussion sem-
ble-t-elle oiseuse aux initiés. Dieu est conçu comme
absolument personnel et distinct de la création dans
laquelle il est présent, comme l'esprit de l'homme est
présent dans son corps, sans rien perdre de son unité.

De même, Dieu est en nous, et c'est là et non dans
une région située au-dessus des nuages qu'il faut
d'abord le chercher et le trouver.

Les émanations divines, partout en action dans la
nature, déterminent trois plans fondamentaux d'action :
le plan d'émanation, le plan de formation et le plan
de matérialisation. Il suffit de connaître les trois
mondes de la kabbale, pour se rendre compte de
toutes ces divisions.

*
* *

L'esthétique est, peut-être, la partie de la philosophie
dans laquelle l'influence de l'occultisme a été le plus
considérable. Le symbolisme est, en effet, une des sections les plus développées de l'occulte, et il a guidé,
non seulement les sculpteurs et les peintres initiés à
la tradition secrète, mais encore les poètes et les
historiens, depuis la plus haute antiquité jusqu'au
XVIe siècle de notre ère. Signalons, en passant, ce trait

bien caractéristique des historiens instruits d'après la méthode occultiste : ils ne s'arrêtent jamais à l'histoire des individus et ne s'intéressent qu'à l'histoire des principes qu'incarnent lesdits individus. C'était la méthode exclusive des anciens, reprise par les prophètes : ils écrivaient le développement de la science initiatique de tous les temps sous le nom d'Hermès. Quand les écrivains modernes ont voulu appliquer leurs procédés individualistes actuels à cette symbolique historique, ils ont été surpris en constatant qu'Hermès aurait été l'auteur de vingt mille volumes, ce qui est beaucoup pour un homme seul, mais ce qui est très normal pour l'Université centrale de l'Egypte (dont Hermès est le nom collectif). Il en est de même pour Zoroastre ou pour Bouddha, qui désignent les principes incarnés dans une série d'hommes et non de simples individus. Quand les contemporains se sont aperçus de leur erreur, disent les occultistes, ils en ont commis une autre en niant toute existence personnelle aux individus qui avaient manifesté le même principe à diverses époques et en attribuant à des collectivités d'hommes du même temps les œuvres d'Homère ou celles de Moïse. La vérité, pour l'occultiste est entre ces deux théories extrêmes et c'était un point utile à rappeler en passant. *L'Iliade*, l'*Énéide*, l'*Ane d'Or*, la *Divine Comédie*, sont des histoires écrites d'après les clefs de l'occultisme et décrivant les mystères de l'Initiation physique ou astrale.

Toutes les cathédrales gothiques sont aussi des symboles de pierre, des paroles de granit, ainsi que tous les temples anciens et modernes de l'Inde et de la Chine.

Pour ne pas nous étendre plus que de raison sur ce point spécial, donnons un exemple bien net de l'application de l'occulte à l'esthétique, lequel aidera à comprendre le reste. Nous choisirons le symbole du Sphinx. Le sphinx, d'après la tradition occulte, était placé à faible distance des pyramides et servait d'entrée

secrète, grâce à une porte située entre ses pattes. Si
nous analysons ce symbole au point de vue de sa
forme, nous constaterons que le Sphinx, tel qu'il est
venu de Chaldée, se composait des éléments suivants :

Une tête humaine, des ailes d'aigle, des griffes de
lion, des flancs de taureau. Que signifie donc ce curieux symbole ? Pour que le sens n'en fût jamais perdu,
une histoire symbolique, celle d'Œdipe, commentait
l'image de pierre. Cette histoire disait que le héros
avait deviné l'énigme du Sphinx et que le mot de
cette énigme était l'homme. Tous ces signes, qui semblent empruntés à l'animalité : bœuf, lion, aigle, sont,
en réalité, des caractéristiques de l'homme, et les
analogies hermétiques vont éclairer la question.

Le Bœuf est le symbole du tempérament lymphatique
et de la force matérielle qui est en chacun de nous.
C'est la clef de la psychologie abdominale ou des instincts, dont la formule est : se taire.

Le Lion est le symbole du tempérament sanguin et
de la force animique, du courage et de la colère. C'est
la clef de la psychologie thoracique ou des passions et
des sentiments, dont la formule est : oser.

L'Aigle est le symbole du tempérament nerveux et
de la force intellectuelle irréfléchie, de l'enthousiasme
et de l'imagination sans frein. C'est la clef de la psychologie cérébrale inférieure, de la science des livres,
dont la formule, cependant élevée, est : savoir.

La tête humaine est le symbole du tempérament
bilieux et de la volonté réfléchie, de la raison, qui domine et qui arrête les impulsions instinctives du
Bœuf, animiques du Lion, enthousiastes de l'Aigle, et
qui ramène le tout à l'unité de la conscience éclairée
par l'esprit. La formule de cette psychologie, non plus
seulement intellectuelle, mais surtout spirituelle, est :
vouloir, dans le sens de vouloir en aimant, comme
l'indique l'espagnol : querer.

Les éléments composant le sphinx, ramenés, d'après

les clefs analogiques, de la forme à l'idée correspondante, se résumaient en une formule de conduite intellectuelle et morale : savoir, oser, vouloir, se taire, qui a guidé les initiés de toutes les écoles depuis la plus haute antiquité. Le sphinx, porte de l'initiation, est le verbe pétrifié de la science occulte et de sa tradition mystérieuse. Et comme les lois du symbolisme sont universelles, ouvrez les Évangiles et vous remarquerez, en tête de chacun d'eux, et comme symbole de chaque évangéliste, une des quatre formes du sphinx. Voilà pourquoi il y a une kabbale chrétienne, avec l'Apocalypse comme symbolique spéciale. Ainsi, toutes les manifestations esthétiques utilisées par l'antiquité étaient immédiatement traduisibles en idées, et cela, grâce à la symbolique de l'occultisme.

Nous pourrions multiplier les exemples de ces applications aujourd'hui peu connues et qui, cependant, ont servi de modèles aux associations de constructeurs qui ont édifié la plupart des cathédrales gothiques. Tous les arts ont reçu la vie sous l'influence de l'occultisme et, depuis que cette influence a été négligée, la voie de l'inspiration aux sources vives a été coupée en grande partie, affirment les adeptes de la science occulte.

Mais cette « obscuration » ne sera pas de longue durée. Un des plus grands maîtres contemporains, M. le marquis de Saint-Yves d'Alveydre, vient de reconstituer le *Livre de la Parole*, le livre des *Guerres de Ioah*, cet *Alphabet d'Adam* qui a été le guide secret de tous les antiques collèges d'initiés. Grâce à l'ARCHÉOMÈTRE de Saint-Yves d'Alveydre, le canon des arts de l'antiquité est reconstitué et la clef des « styles » du futur est synthétiquement établie. L'artiste et le savant vont enfin pouvoir communier sous les mêmes espèces: celles du Verbe, du Christ parlant librement dans l'Univers pendant que les cerveaux humains enregistrent, avec le respect qui leur est dû, les vibrations de la vie divine se révélant à l'Humanité.

CHAPITRE V

MORALE

La réincarnation et la loi morale. — Les phases de la
mort et ses conséquences morales. — Création du corps
spirituel par le corps physique et du corps astral par
le corps spirituel, puis du nouveau corps physique par
le nouveau corps astral.

La base de la morale diffère beaucoup selon les
systèmes philosophiques ou religieux qui régissent une
époque ou un individu. Depuis la crainte du gendarme
déguisée sous des noms plus ou moins pompeux par
le matérialisme, jusqu'à la colère de Dieu jaloux du
clergé autoritaire, il y a une belle gamme d'affirmations
et d'hypothèses destinées à faire de l'homme un allié,
et non pas un loup, pour ses semblables.

Lorsque la morale est un système métaphysique
pur, elle porte peu sur l'esprit humain, et la révélation religieuse, même celle du nègre, lui est préférable.
Pour que l'homme sache vraiment que chacun de ses
actes est une impulsion lancée dans l'univers et subis-
sant les lois physiques de l'aller et du retour, il faut
une démonstration autrement plus solide que les affirmations des rhéteurs et les prétentions des clergés. Cette
démonstration était la base même des mystères initiatiques de l'antiquité, et elle est encore possible dans
certains centres de haute spiritualité fonctionnant
en Europe sous mode théurgique.

Toute action provoque une réaction égale et de sens contraire, l'angle d'incidence est égal à l'angle de réflexion. Telles sont les lois qui ont toujours formé la base de la morale des occultistes.

La notion de l'existence, autour de chaque être, d'une atmosphère secrète où s'inscrivent les pensées évoluées en actes, la certitude qu'on repassera par le chemin qu'on néglige aujourd'hui, en y retrouvant, grossies par le temps, toutes les pierres qu'on y a laissées par lassitude et par paresse, sont des données certaines que l'intuition cherche à prouver à l'occultiste expérimentalement.

Si la science apporte la certitude de l'existence en l'homme d'un principe autre que la matière, elle aura, par ce fait même, ouvert une voie bien féconde à la morale véritable, celle pour laquelle la responsabilité librement acceptée d'un acte est plus coercitive que les lois et les polices les mieux établies. En effet, cette question de la responsabilité, dans le visible et dans l'invisible, de l'esprit, soulève plusieurs problèmes, dont nous allons passer en revue les principaux d'après l'occultisme. Ce sont :

1° La question de savoir où le plan de réaction vient rencontrer le plan d'action, c'est-à-dire où les peines succèdent aux erreurs. (Purgatoire ou enfer.)

2° L'étude de cette réaction et des éléments qui agissent sur elle pour l'atténuer ou la précipiter.

3° La conséquence de ces études par la vie de tous les jours.

La base du problème et de la loi morale est, pour l'occultiste, presque uniquement placée dans l'étude des réincarnations. La réincarnation consiste, pour l'esprit, à revenir plusieurs fois sur le plan physique, sans nécessité de temps ou de lieu, c'est-à-dire que l'esprit peut venir soit dix ans, soit deux cents ans après la mort physique et que le retour peut avoir lieu sur une planète quelconque d'un système solaire matériel. Il faut éviter de confondre la réincarnation, où les esprits humains ne peuvent se réincarner que dans des corps humains, avec la métempsychose, qui n'en représente que le côté allégorique et exotérique, et qui ne s'applique qu'aux cellules matérielles du corps physique.

En effet, après la mort, ces cellules matérielles retournent à la terre qui les avait prêtées à l'esprit pour une existence, et chacune de ces cellules peut devenir partie intégrante d'une plante ou de l'animal qui mange de cette plante, comme des minéraux qui séjournent dans la terre. Ce n'est donc pas l'homme lui-même, l'esprit, qui revient à titre d'arbre, ou de bœuf, ou de composé minéral, mais bien son vêtement matériel, le corps, désormais libéré de sa cohésion unitaire au service du principe immortel.

Il y a donc possibilité de métempsychose pour les cellules du corps, de transformation évolutive pour l'être astral et de réincarnation pour l'esprit. C'est de la confusion de ces possibilités entre elles que résultent la plupart des erreurs de ceux qui critiquent l'occultisme sans le connaître.

Beaucoup de philosophes et tous les théologiens catholiques ont horreur de la réincarnation qui, pour l'occultiste, est une loi vivante et connue de tous les initiés. Pour éviter d'inutiles querelles, on peut chercher à déterminer, s'il s'agit d'un catholique, les conditions d'activité de l'esprit entre la mort et le jugement dernier, et ces conditions répondront, sauf pour le lieu, à beaucoup des enseignements des réincarnationistes. Que l'enfer et le purgatoire doivent être subis sur terre ou dans un lieu indéfinissable, ce sont, en somme, des questions de mots plus que de faits, et l'avenir se chargera de mettre tout le monde d'accord.

Quoi qu'il en soit, toute surcharge naturelle, toute involution doit être brûlée par l'angoisse et la douleur morales, qui sont les véritables feux du plan invisible;

et toute action mauvaise, c'est-à-dire retardant l'évolution de l'esprit, provoque une réaction de douleur réparatrice tout de suite ou plus tard, peu importe. Le souvenir de tous les actes antérieurs se présente après chaque mort physique et s'efface, après chaque naissance, pour éviter le découragement et le suicide laissés possibles par la liberté de l'homme, par rapport à son corps.

2° Le présent est donné à l'homme pour refaire son avenir en corrigeant les effets du passé. L'homme est aidé dans son action par les êtres du plan divin qui ont la puissance d'effacer, par la dynamisation intense du présent, les mauvais clichés du passé. De là l'utilité de l'humilité et de la prière.

Dans la majorité des cas, le souvenir des existences antérieures est aboli pendant la réincarnation physique. Dans quelques personnalités une vague intuition subsiste des conditions générales d'une existence antérieure, de lieux déjà vus, d'êtres déjà connus, mais cette intuition est vague, car une loi de l'invisible défend, sauf pour les **élus** réincarnés après évolution complète, de savoir quelle personnalité représentait l'esprit sur terre. De là la tendance, enfantine et bien humaine, de beaucoup de ceux qui ne connaissent que les éléments de cette loi de réincarnation, à se croire d'anciens rois, d'anciens savants, ou d'anciens guerriers revenus dans des corps de petits employés, d'instituteurs ou de gardes champêtres. Les prétentions sans preuves sont généralement la conséquence d'autosuggestions provoquées par une vanité ou un orgueil trop accusés. Elles font du tort autant à la doctrine qu'aux écervelés qui affichent ces prétentions.

3° Pendant la vie physique, chaque pensée, chaque sentiment, chaque acte génère, dans les autres plans de l'Univers, des chaînes de forces qui réagiront sur l'évolution de l'être. Le corps physique est, sur le plan matériel, pour générer, atome par atome, le lieu de éaction de son esprit après la mort, le corps spirituel, que Pythagore appelait le char de l'âme et qui est l'appartement d'après la vie physique. Ce corps spirituel est d'autant plus actif que l'esprit incarné s'est plus dépensé moralement et physiquement pour les autres. Il n'y a pas d'appartement prêt de l'autre côté pour l'esprit qui n'a vécu que pour son corps, sa richesse et pour son bien-être propres ici-bas. Le millionnaire sans cœur de la Terre devient un vagabond de l'Astral. La réciproque est vraie, plus souvent encore.

Le corps spirituel, généré par le corps physique, génère, à son tour, le corps astral de l'existence future et marque, par là, la réaction de la vie présente sur la vie future.

Inutile de dire que les réincarnations sont destinées à prendre fin quand l'homme, sans jamais perdre sa personnalité, sera réintégré dans l'état adamique primitif.

La morale, telle que l'entendent les occultistes, est des plus rigoureuses et des plus élevées. Elle est basée, pour la plupart des écoles, sur la soumission à toutes les charges imposées, soit par la condition sociale, soit par les épreuves de la vie, dont l'acceptation est d'autant plus indispensable qu'elles sont la conséquence des fautes antérieures. L'occultisme enseigne, en effet, comme nous l'avons vu, que l'esprit se réincarne successivement dans plusieurs corps physiques et que nous payons dans une existence suivante les fautes non réparées d'une vie précédente. Entre chaque incarnation l'âme se rend compte de toutes les existences antérieures et de leurs conséquences au point de vue de son évolution. Au début de chaque descente sur le plan physique, par contre, l'esprit perd le souvenir du passé, ce qui est nécessaire pour éviter les suicides, qui deviendraient presque inévitables pour qui aurait conscience des fautes qu'il vient expier.

Cette doctrine constituait, bien plus que celle de

l'Unité divine, un des plus redoutables mystères des anciennes initiations, et elle était enseignée sous le voile de la fable. L'eau du fleuve Léthé que buvait l'âme en sortant des fleuves inférieurs (*Infera*) est un rappel de ce mystère. La possession du pouvoir ou des richesses est considérée, par l'occultiste, comme une des plus dangereuses et une des plus difficiles épreuves qui puissent assaillir l'homme. Si le puissant ou le riche, oubliant qu'il n'est qu'un simple dépositaire de la force vitale de la Société, se fait centre et dispose exclusivement pour lui et pour les siens de ce qui lui a été confié, alors la punition sera d'autant plus terrible. Quand un jeune étudiant, tout ému des apparentes iniquités du destin, venait protester auprès du maître contre le malheur persistant qui accablait tel ou tel homme, alors le maître évoquait, pour un instant, les images inscrites jadis dans la lumière secrète entourant l'individu, et l'étudiant, reconnaissant l'homme actuellement malheureux dans ce riche de jadis qui ne secourait quelques pauvres que par vanité, comprenait et bénissait son maître. Les enseignements moraux et l'occultisme ont toujours été presque exclusivement pratiques; et on écarte les élèves du suicide, non pas en leur faisant des discours philosophiques sur le néant de cet acte, mais bien en les mettant face à face dans le plan astral avec l'esprit d'un suicidé, et en leur montrant les affres indescriptibles de la dissolution du malheureux. Il en est de même de la mort, dont toutes les phases sont étudiées expérimentalement. Aussi l'occultiste, initié autrement que par les livres, affecte-t-il un souverain mépris pour ce phénomène du passage d'un plan à un autre qu'il a vu réaliser ou, s'il est assez avancé, qu'il a réalisé lui-même, plusieurs fois, expérimentalement. Une morale basée sur de telles pratiques est forcément très puissante, surtout quand les recherches personnelles ont amené le postulant à vérifier le caractère exact et la vérité de la plus grande partie des traditions religieuses et surtout des traditions chrétiennes. Il est curieux de constater que les Rose-Croix illuminés se sont toujours montrés comme des apologistes ardents du Christianisme, tout en étant d'une grande sévérité pour le clergé, qu'ils accusent d'avoir livré le Christ à César, en participant au partage de la puissance temporelle et de l'or. Aussi l'Église a-t-elle, à toute époque, fait les plus grands efforts pour enrayer le mouvement occultiste, qui fait des hommes de telle foi et de telle indépendance de caractère qu'elle ne veut voir en eux que des suppôts de l'enfer. On peut résumer les règles de la morale occultiste en quelques propositions, dont on trouvera le développement dans les œuvres d'Éliphas Lévi : l'occultiste doit savoir s'abstenir, souffrir, prier, mourir et pardonner. Encore une fois, ce qui nous intéresse dans cette morale, ce ne sont pas tant ces règles que nous retrouverons plus ou moins chez tous les moralistes, que la voie pratique de démonstration par la vision directe. Cette voie exige des maîtres dignes de ce nom, et ceux-là fuient le bruit et la renommée et ne sont connus que de quelques-uns. Ceux que le public prend pour les chefs sont, généralement, ceux qui ont été délégués aux œuvres de propagande : ce sont les réalisateurs, les hommes d'action, les bras des organismes initiatiques. Certains ont cru ou voulu faire croire qu'il n'existe de tels maîtres qu'en Orient; c'est là une erreur. Nos renseignements nous permettent d'affirmer qu'il existe, non pas à Paris, mais en quelques villes de France, des maîtres aux différents degrés, qui vivent loin du bruit et de la publicité, et qui sont ignorés, sous leur véritable caractère, même de leur plus proche voisin.

Telle est la base que donne l'occultisme au problème de la destinée humaine. Résumons-la une dernière fois :

Que sommes-nous et, par suite, où allons-nous, et

d'où venons-nous ? La vie a-t-elle un but ? Sommes-
nous libres ou déterminés ? Existe-t-il une sanction
à nos bonnes ou à nos mauvaises actions ? Existe-t-il
même des actions qui soient bonnes et d'autres qui
soient mauvaises ?

A cela le matérialisme répond : Nous sommes le
produit d'une évolution matérielle, et l'agrégat de cellules qui constituent notre moi disparaîtra à la mort
et s'en ira constituer d'autres organismes. Nous venons par hasard et nous allons au néant. Nos facultés
comme nos actions dépendent de l'hérédité, du milieu
et de nos organes. Nous ne saurions être plus responsables que la roue d'omnibus qui écrase un imprudent ou la tuile tombée du toit qui tue le passant ; le
bien et le mal sont des mots inventés par notre orgueil pour satisfaire notre vanité. Le gendarme est
encore la sanction morale la plus élevée. L'homme,
ainsi conçu, est composé d'un vil principe : le corps
physique.

Le catholicisme nous apprend que nous sommes
composés d'un corps, mortel et vil, et d'une âme im-
mortelle. L'un vient de la poussière, c'est le corps, et
il y retournera ; l'autre vient de Dieu, c'est l'âme, et
elle ira, après la mort, en paradis entendre chanter
des anges et contempler un Dieu anthropomorphe, si
elle a été sage ; ou, si elle a été méchante, dans l'enfer
pour l'éternité. Si elle a été neutre et a commis quelques péchés véniels, le purgatoire lui tend ses tour-
ments pour quelques milliers d'années seulement. Le
reste est à l'avenant et capable de satisfaire pleinement
les intelligences moyennes. Mais l'anatomiste et le physiologiste se demandent encore comment ce principe
si pur peut bien actionner le rectum ou se livrer aux
douceurs de la chylification.

Entre ces deux extrêmes, la philosophie dite spiritualiste fait de l'histoire et de la critique. C'est ce
qu'il y a de plus sage.

Or l'occultisme entend apporter une série d'hypothèses susceptibles d'expliquer rationnellement la constitution de l'homme aussi bien au physiologiste qu'au philosophe (1).

L'existence, non pas comme une entité métaphysique, mais bien à titre de réalité physiologique, d'un principe d'action intermédiaire entre les organes physiques et les facultés intellectuelles, permet de résoudre simplement la plus grande partie des problèmes posés. Le matérialiste a parfaitement raison dans ses affirmations, mais il s'arrête à l'étude du corps physique ; le spiritualiste est aussi dans le vrai, mais il n'étudie que le pôle opposé de la balance : l'esprit conscient. L'occultiste cherche, non pas à détruire, mais à unifier les efforts de la philosophie et ceux de la science (2).

Le but de la vie, dit-il, c'est de fabriquer soi-même sa destinée future, car l'homme est libre dans le cercle de fatalité qui l'entraîne, comme le passager du steamer est libre dans sa cabine.

Tout ce qui existe a droit à notre respect : le corps physique autant que l'esprit. Le mysticisme est une perte de l'équilibre moral, aussi grande que le sensualisme. La sanction de nos actes, c'est nous-mêmes qui la créons, c'est nous-mêmes qui supportons les erreurs de nos mauvaises actions, soit dans cette vie, sur nos

(1) But de la vie. L'on doit s'occuper de ses intérêts et exercer une profession honnête, non pour amasser des richesses, mais pour se procurer les choses nécessaires à la vie.

On doit se procurer les choses nécessaires à la vie et même l'aisance, si l'on peut, non en vue des jouissances qu'elle procure, mais pour écarter de soi les soucis et la douleur, pour conserver un esprit libre dans un corps sain.

Enfin, il faut employer ce double avantage: la liberté de l'esprit et la santé du corps à développer son intelligence et à la conduire, par le chemin de la science, à la connaissance de Dieu. — MAIMONIDES (XIIᵉ siècle).

(2) Acquérir la Vérité par ses facultés intelligibles, la Vertu par ses facultés animiques, la Pureté par ses facultés instinctives. — FABRE D'OLIVET (1820).

biens matériels; soit dans une existence future, lorsque nous nous réincarnerons.

La doctrine de la réincarnation, soit sur cette terre, soit dans un autre lieu de l'espace, donnée comme sanction morale de nos actions et comme origine de notre situation dans la société a toujours été enseignée par l'occultisme (1).

*
* *

Certains points de l'enseignement de l'occultisme sur ce sujet resteraient obscurs si nous ne précisions pas, dès maintenant, le problème de la mort tel qu'il est posé par le spiritualisme traditionnel. Cela nous permettra de différencier tout à l'heure l'occultisme du spiritisme, avec lequel on le confond quelquefois.

Chacun des principes constituant l'homme vient d'un plan d'action différent. Le corps physique vient du monde physique et y retourne. Le corps astral vient du plan astral. L'être psychique est une résultante de la combinaison du corps astral avec l'esprit ; c'est l'étincelle du moi actuel qui ne sera plus le moi de la prochaine existence (2).

A la mort, l'homme change d'état et non de lieu. Il réalise l'idéal qu'il s'est forgé dans sa dernière existence, et cet idéal subsiste d'autant plus longtemps qu'il a été conçu avec plus d'intensité.

---

(1) Sur cette terre, les âmes passent dans plusieurs corps; mais une fois qu'elles ont atteint un corps humain, elles ne descendent plus dans celui des animaux. — PORPHYRE (IIIe siècle).

(2) L'âme de l'homme, venant immédiatement de Dieu, se joint par des moyens convenables au corps matériel; et à cet effet premièrement à sa descente même et aux premières approches, elle se trouve revêtue d'un petit corps d'air, qu'on appelle le véhicule éthéré de l'âme, d'autres le nomment le chariot de l'âme.

Lorsqu'elle joint son chariot à la chaleur, elle se joint à l'esprit provenant du cœur, et, par cet esprit, elle se plonge dans les humeurs, elle se prend aux membres, et s'approche de tout également du plus près qu'elle peut. — AGRIPPA (XVIe siècle).

Puis l'entité spirituelle se réincarne et poursuit ainsi son évolution individuelle, monte et descend dans l'échelle sociale, mais progresse malgré elle; car le système entier évolue vers la réintégration finale. Le progrès existe pour la généralité, s'il semble ne pas exister pour l'individu (1).

Mais l'évolution, pour être réelle, doit être collective. Les collectivités ont les mêmes lois d'existence, de maladie et de mort que les individus; l'homme est à l'humanité ce qu'une cellule du corps humain est à l'Être tout entier. Il existe donc une science du social, une anatomie et une physiologie de la nature, ignorées de nos politiciens contemporains et à la réédification desquelles travaillent un grand nombre d'occultistes.

La société est un être complet ayant ses organes, économiques ou abdominaux, juridiques ou thoraciques, et enseignants ou céphaliques.

La science de la société, de son évolution et de sa transformation normale ou pathologique, c'est là la véritable clef de l'histoire, qui est à refaire pour celui qui saura appliquer à cette branche du savoir humain les enseignements de l'occultisme.

Mais insistons sur l'homme.

Des trois éléments dont se compose l'homme incarné, le premier, le cadavre, retourne à la terre ou à une autre modalité quelconque du plan physique, qui en a prêté les éléments, pour une existence, à l'esprit; — le second, le corps astral, se décompose en deux parties: l'une inférieure, qui se répand dans la vie universelle et aide à décomposer, au besoin, le cadavre; l'autre, supérieure, devient ce que Pythagore appelait « le char de l'âme » et enveloppe l'esprit dans son évolution astrale; — le troisième, l'esprit, est seul destiné à subsister avec l'intégralité de sa conscience, et c'est celui-là qui demande, en somme, l'intérêt le plus sou-

_____

(1) Ce n'est pas notre âme qui souffre et qui meurt, c'est le personnage. — PLOTIN (IIIᵉ siècle).

tenu. La théorie occultiste, à son sujet, n'a pas changé depuis l'antique Égypte, et c'est encore l'histoire du « voyage de l'âme » du livre des morts, mais comprise dans sa véritable symbolique, que nous contera l'occultiste du xviii° siècle de notre ère, et même celui du xx°, tous appelant la vision directe à l'appui de leurs dires (1). Reprenons donc en détail le départ de l'esprit et commençons au moment de l'agonie. A cet instant, le lien entre le corps physique et l'esprit vient d'être coupé, comme dans l'évanouissement, et le corps astral tend à se diviser en deux parties : une inférieure, qui restera dans le plan physique, et une supérieure, qui évoluera jusqu'au plan astral supérieur. Cette lutte se manifeste à l'extérieur, dans les cas normaux, par l'agonie. La somme d'astral qui accompagnera l'esprit dépend justement des aspirations élevées de l'être humain pendant son incarnation, et, au moment du départ, l'esprit cherche à tirer de son côté le plus possible d'astralité. Il est aidé dans cette tâche par les « ancêtres », terme sous lequel on renferme tous les êtres invisibles qui viennent assister l'âme à son départ ; car la mort terrestre est la naissance astrale et réciproquement. Les ancêtres sont là-bas pour recevoir l'âme qui leur revient, comme les parents sont ici pour recevoir l'enfant qui naît à la terre. Avant d'aller plus loin, rappelons que nous employons l'expression de plans pour bien indiquer qu'il ne s'agit pas d'endroits déterminés, car le temps et l'espace disparaissent dès le plan astral, et tout y est, à la fois, dans le même plan. Revenons à l'esprit. L'agonie vient de se terminer : chaque cellule physique, jusque-là tonalisée par l'action prépondérante du corps astral, reprend son autonomie ; la décomposition du cadavre commence, et chacun des petits êtres cellulaires qui le cons-

---

(1) On lira, à ce propos, avec un grand profit, l'excellent livre de M. Ch. Byse, sur Swedenborg, paru sous le titre : *Le Prophète du Nord*, Paris, 1 vol. in-8°, chez Fischbacher.

tituait se dirige vers ses affinités spéciales. De son
côté, l'esprit traverse une période de trouble, pendant
laquelle la conscience cherche avec peine à se passer
des organes physiques disparus. Cet état de trouble
dure plus ou moins longtemps, selon l'aide prêtée, et
de ce côté et de l'autre, à l'esprit pour son évolution.
Enfin, il sort de son cauchemar et s'aperçoit qu'il est
plus réellement vivant que sur terre, mais que de
nouveaux organes, signes de facultés aussi nouvelles,
sont nés et que la communication physique avec le
plan matériel devient rapidement de plus en plus difficile, seuls les sentiments servant de liens entre les
deux plans. Mais l'esprit se rend compte qu'il n'est pas
encore dans son véritable centre, et il va tendre de son
mieux vers la seconde mort, la mort au plan astral, qui
accélérera son évolution. Celle-ci dépend de l'éléva-
tion morale de l'esprit, et celui-ci doit soutenir de véritables luttes avec les êtres du plan astral qui veulent
lui arracher son astralité inférieure. Progressivement
le dépouillement se fait, le corps glorieux ou spirituel
vient, atome par atome, remplacer le corps astral supérieur, et l'évolution vers le plan divin se poursuit.
Toute cette route est sillonnée de jugements, d'épreuves
et d'interrogatoires divers, que Valentin a fort bien résumés dans sa *Pistis Sophia* (traduite par Amelineau).
Nous rentrons alors dans le cycle du livre des morts
et nous pouvons nous arrêter ici. Rappelons seulement qu'une nouvelle incarnation physique viendra
souvent accélérer une évolution tardive, et disons
quelques mots des cas spéciaux, comme celui des suicidés. Nous nous occuperons ensuite de l'évocation de
l'esprit des défunts.

Nous avons pris comme exemple l'évolution d'un esprit moyen, car les hommes qui, pendant la vie terrestre,
ont pénétré jusqu'au seuil de la seconde mort, n'ont
pas à subir d'arrêt en route et ne reviennent s'incarner
que sur leur désir formel et comme « missionnés »

gardant le souvenir du passé et le pouvoir de converser directement avec les êtres du plan spirituel. Ces
hommes sont les seuls et légitimes maîtres, et on les
reconnaît à leurs cures miraculeuses et aussi à leur
humilité. La certitude de l'acquisition de ces mystères
a plus d'attrait pour une intelligence élevée que la sortie en astral sur terre ou les autres procédés purement
magiques, qui cachent toujours de gros dangers. Mais
ces évolutions exceptionnelles sont, de l'avis des occultistes, très rares, et les cas de chutes sont, au contraire,
bien plus fréquents. Parmi ces cas, nous allons prendre
comme exemple celui des suicidés, parce qu'il suffit à
éclairer tous les autres. Déjà le Dante nous montre ce
malheureux, suicidé par amour à la suite de la mort
de sa bien-aimée et venant chaque jour à la limite du
ciel pour s'entendre dire : « Tu la verras seulement demain. » Or, toutes les écoles qui s'occupent de la constitution du plan invisible, même les plus récentes qui
ne possèdent aucune tradition, comme celle des spirites, sont d'accord pour décrire identiquement les
souffrances des suicidés, qui n'ont d'analogues que
celles des criminels assassins. En se réveillant de l'angoisse, le suicidé constate avec effroi qu'il est étroitement, quoique invisiblement, lié à ce corps qu'il avait
cru quitter pour toujours. Jusqu'au jour marqué pour
la mort normale, il reste attaché à ce corps, torturé
par la soif et la faim physiques et assistant à la décomposition des organes qui, seuls, auraient pu le servir
et qu'il a lui-même détruits. A ces souffrances presque
matérielles s'ajoutent les angoisses morales et les terreurs de la lutte incessante contre les larves de l'astral
inférieur qui viennent réclamer leur butin. Étroitement
attachés à la terre, qu'ils n'ont pas quittée malgré leur
désir contraire, ce genre d'esprits obsède les cerveaux
faibles et les médiums, et beaucoup de cas de folie su-
bite n'ont pas d'autre cause, d'après les occultistes.
Quand l'époque de la mort normale arrive, l'esprit du

suicidé retrouve ses ancêtres et, très rapidement, il est réincarné dans un corps difforme ou estropié pour recommencer la lutte qu'il avait désertée une première fois. Ceux qui ont consciemment pratiqué les rites inversifs de la magie noire sont punis de peines encore plus fortes, celles des criminels étant encore au-dessous.

Nous avons dit un mot de l'évocation possible des esprits, et quelques nouveaux détails sont indispensables à ce sujet. Les occultistes se différencient justement des spirites par la difficulté avec laquelle ils admettent les communications réelles entre les vivants et les esprits eux-mêmes des défunts. Pour bien se rendre compte des objections élevées par les occultistes à ce sujet, il faut se souvenir de la théorie des images astrales dont nous avons longuement parlé.

Tous les faits terrestres sont graphiés, on pourrait dire photographiés dans la lumière astrale, et cette règle est vraie pour les idées comme pour les individus. C'est ainsi qu'une idée humaine est une force aussi dynamique et aussi matérielle que la chaleur et la lumière ; de là l'entraînement de la volonté pour le débutant. Une idée laisse la trace de ses activités bonnes ou mauvaises dans le plan astral, et cette trace peut être retrouvée longtemps après. Il en est de même de l'individu tout entier qui laisse, dans le plan astral, une image de son passage terrestre. C'est cette image que, la plupart du temps, les spirites prennent pour l'apparition réelle de celui qu'ils évoquent. Dans d'autres cas, quand il n'y a pas fraude du médium, les faits attribués par les spirites aux esprits sont, pour les occultistes, le résultat des seules forces émanées du médium et, quelquefois, accrues par l'aide des élémentals.

Il n'en est pas moins vrai que, lorsque les occultistes affirment la réalité des communications entre les deux plans et admettent qu'une communication est bien d'un esprit humain défunt, ils ne le font que par éli-

mination et munis de toutes les preuves nécessaires.
La magie prétend pouvoir mettre ses adeptes en état
de pratiquer l'évocation des morts ; mais les rites de
la nécromancie sont considérés comme très dangereux, aussi bien pour l'évocateur que pour l'esprit
évoqué. Une seule voie exceptionnelle permet de se
mettre en rapport avec le plan invisible, sans danger ;
c'est la théurgie. Seuls, les maîtres, généralement
cachés sous les aspects du théurge, ont le pouvoir
d'agir consciemment sur les esprits dans tous les plans
de la Nature visible ou invisible.

Pour être complet, nous devons enfin mentionner la
théorie de l'âme-sœur, d'après laquelle les êtres évolués sur le plan astral sont formés par la fusion de
deux âmes terrestres qui se sont retrouvées après des
siècles de recherche, chacune des âmes conservant, du
reste, l'intégralité de sa personnalité. Cette conception
prête à de charmants développements philosophiques,
et elle a été très utilisée par les poètes.

Telles sont les principales affirmations que les occultistes basent sur la double autorité de la tradition
et de la vision directe du plan invisible. On com-
prendra maintenant la réponse d'un Brahmine, inter-
rogé par un père Jésuite sur l'origine de ses idées sur
les transformations de l'âme après la mort et qui ré-
pondit au brave missionnaire : « Mais, j'ai vu ce qui se
produit après la mort, et aucune révélation ne vaut
cette certitude, surtout si l'on fait plusieurs fois la vérification, pour se rendre compte des détails. »

CHAPITRE VI

LES TRADITIONS

Chaque continent évolue sa flore, sa faune et sa race humaine. — La tradition lémurienne. — Les Atlantes, les Noirs, les Blancs. — Histoire esotérique de la race blanche. Ram. — La conquête de l'Inde. — Reflux des Aryens vers l'Europe originelle. — Les Pasteurs. — Moïse et la Kabbale. — Influence des Sociétés occultistes dans le monde profane. — Occultisme et philosophie.

Pour se rendre compte des enseignements de l'occultisme concernant les diverses traditions et leur constitution, il est indispensable de faire une digression préalable sur les races humaines et sur la physiologie planétaire, telle que la conçoivent les occultistes.

Nous disons physiologie, car l'ésotérisme enseigne que chaque planète est un être vivant, et la Terre n'échappe pas à cette règle générale. La Terre, considérée comme un organisme, a pour organes les continents ainsi que nous le verrons tout à l'heure. Sa circulation est constituée par l'Océan, comme cœur, avec un courant artériel aérien de l'Océan aux montagnes par les nuages et aux vallées par la rosée et la pluie, un courant veineux, de retour, par les rivières et les fleuves. La respiration se fait, au contact de l'émanation solaire, par la création de l'atmosphère terrestre. La digestion est sous la dépendance de l'humus terrestre, immense estomac d'absorption et de transfor-

mation, que l'homme utilise pour son usage en l'amé-
liorant. D'après une très ancienne tradition, confirmée
par les révélations de Louis-Michel de Figanières, la
Terre est formée par la soudure, la réunion intime, de
plusieurs planètes en voie de dissolution ; chacune de
ces planètes a constitué un continent terrestre, et le
système nerveux, formé des filons et des veines métalliques, a réuni le tout sous la direction d'un Esprit
unique. La planète la plus avancée était l'Asie, aussi
fut-elle chargée d'instruire successivement les autres
des choses divines. Cette mission cessa quand l'humanité terrestre fut assez mûre pour que le Christ vînt
s'incarner en Judée, au point de réunion des divers
continents terrestres. Une planète, après avoir accepté
l'incrustation avec les autres, refusa de poursuivre
l'évolution commune et fut rejetée, solitaire et sans
habitants avancés, dans l'entourage de la Terre. Cette
planète révoltée devenue satellite est la lune, et sa
brusque disparition fut la cause de l'inclinaison sur
l'écliptique et d'un immense déluge. Chaque continent
a donc généré sa flore et sa faune, ainsi que sa race
humaine spéciale. L'humanité terrestre a donc des
points de départ différents et ne vient pas d'une source
unique ; elle a apporté des traditions également personnelles, et ce n'est que plus tard que ses traditions
également personnelles se sont fondues les unes dans
les autres ; en même temps que les hommes, la flore et
la faune se mêlaient par les échanges et le commerce.

Ces données peuvent sembler originales ou bizarres,
mais elles sont indispensables à connaître pour comprendre une foule d'idées des anciens sur la Nature, et
les modernes occultistes les ont intégralement conservées.

Les races furent au nombre de quatre, différenciées
par leur origine et leur couleur, et elles eurent la pré-
pondérance sur la planète dans l'ordre suivant : 1° les
lémuriens, originaires d'un continent qui occupait la

place de l'Océan Pacifique actuel et qui devaient être
jaunes rougeâtres ; 2° les Atlantes, originaires d'un
continent qui se trouvait à la place occupée aujour-
d'hui par l'Océan Atlantique. Ils avaient la peau rouge;
3° les noirs, originaires de l'Afrique actuelle ; 4° les
blancs, originaires des environs du pôle Nord (mer
Blanche) et du continent européen, le dernier évolué.
Car chaque continent, comme chaque homme, chaque
famille et chaque nation, a ses périodes de jeunesse,
d'âge mûr et de vieillesse. Certains ont même des alter-
natives de sommeil, d'enfouissement sous l'eau et de
réveil, séparées par des déluges que les Brahmes, dans
leur chronologie, ont parfaitement fixés. Or la tradition
occultiste actuellement en cours parmi les blancs a
forcément subi l'influence de toutes les traditions précédentes, ce qui nous oblige à dire quelques mots de
chacune de ces traditions, toutes dérivées de la source
unique à laquelle se réfèrent toujours les voyants.

De la tradition lémurienne, nous ne possédons que
quelques bribes conservées au Thibet et dans quelques
centres taoïstes de la Chine. Cette tradition, la plus
proche de l'unité, était surtout mathématique et alliait
strictement le nombre à l'idée.

De la tradition atlante, nous possédons au contraire
beaucoup de restes. Les Atlantes avaient, en effet, colo-
nisé toutes les côtes du sud de l'Europe, et les Ibères,
les Étrusques, et surtout les Égyptiens, sont des colonies d'Atlantes. Après la catastrophe qui engloutit
presque tout le continent primitif, les colonies devin-
rent des centres de la plus grande importance pour les
races ultérieures. La tradition atlante, surtout connue
par les hiéroglyphes et les monuments de la primitive Égypte, étudiait l'absolu sous toutes ses
formes.

La tradition noire s'est particulièrement attachée à
l'étude du plan astral, sous tous ses aspects ; aussi
toutes les figures des démons, toutes les **cérémonies**

évocatrices d'esprits astraux, prennent-elles leur origine dans cette tradition.

Tels sont, très rapidement résumés, les éléments en présence desquels va se trouver la race blanche, au cours de ses diverses pérégrinations, que nous allons résumer maintenant d'après Fabre d'Olivet.

Le berceau de la race était donc placé autour de la mer Blanche, à l'époque où les noirs dominaient sur la planète ; ils étaient alors installés dans tout le sud de l'Europe et dans la plupart des anciennes colonies rouges, qu'ils avaient domptées par la force, mais dont ils avaient adopté les arts et l'intellectualité. C'est même la raison pour laquelle la race noire eut un déclin si rapide. Mettant toute sa confiance dans la force physique et dans la valeur militaire, elle négligea sa propre intellectualité, et la décadence complète suivit ses premières défaites. Les explorateurs noirs, lancés à l'aventure dans les immenses forêts du Nord, découvrirent les premiers échantillons de la race blanche, qui avaient poussé une pointe hardie vers le Sud. Nous ne résumerons pas la lutte, incessante entre les deux races, qui suivit cette découverte ; et nous dirons simplement que tout se termina au profit des blancs qui, en quelques siècles, avaient refoulé les noirs vers le sud-est, autour de la mer des noirs (mer Noire actuelle) et dans l'Inde, qui était encore au pouvoir des noirs. « Il fut un temps, disent les chronologies des Brahmes, où l'Inde était au pouvoir des Éthiopiens. » C'était, en Europe, l'époque druidique, vers l'an 10.000 avant Jésus-Christ, et le continent était ainsi divisé : à l'est la terre des chevaux, Ross-Land, berceau de la race ; en avançant vers l'ouest et le sud, on trouvait successivement la terre élevée, Poll-Land (Pologne), la terre divine Deutch-Land, et la limite des âmes, Dahn Mark ; enfin on arrivait aux terres basses, Holl-Land et Goll-Land. C'est à ce moment que se place le premier exode des blancs vers le sud. Un fort parti de blancs contourna la mer Noire, gagna l'Arabie et constitua le noyau de ces hommes à tête dure dont dériva par la suite le peuple hébreu. Parlons maintenant de Ram.

Ram était un druide, auquel un songe révéla la manière d'employer la teinture de gui pour guérir la lèpre qui menaçait de détruire complètement la race blanche. C'est de là que date le culte du gui par les Druides. Devenu, par sa découverte, trop populaire, Ram fut condamné à aller porter un message aux ancêtres, C'est-à-dire à avoir la gorge coupée en grande cérémonie par les druidesses, alors toutes puissantes. Il n'y avait qu'un moyen d'éviter cette triste fin : l'exil, et Ram s'exila; suivi de plusieurs milliers de Celtes, qui s'attachèrent à sa fortune. Ram se dirigea d'abord vers la mer Noire ; puis il la contourna et s'établit près des monts Oural, où il prépara, pendant plusieurs années, l'exécution de son grand projet : la conquête de l'Inde sur les noirs.

Quand tout fut prêt, il lança hardiment ses Celtes sur les noirs, et en quelques années ceux-ci étaient refoulés jusque dans l'île de Ceylan, où ils furent définitivement écrasés. D'après les occultistes, les historiens qui suivent la descente des Aryens d'Asie en Europe commencent leur histoire à ce moment seulement et ignorent que les Aryens ne revinrent vers l'Europe qu'après en être antérieurement venus pour conquérir l'Asie. C'est aux archives brahmaniques que les historiens occultistes prétendent avoir puisé ces renseignements; que certaines découvertes archéologiques modernes tendraient à confirmer dans leurs grandes lignes. Ram constitua sa tradition en unissant le culte des ancêtres à la tradition rouge et à la tradition noire déjà implantées dans l'Inde et il changea son nom de Ram, qui voulait dire bélier, en celui de Lam, qui signifiait agneau. Le lamaïsme venait ainsi s'ajouter au brahmanisme dans la constitution de la tradition orientale des blancs.

Nous arrivons maintenant à la question importante

pour les anciens, du symbolisme des couleurs. Cette
question vient d'être définitivement tranchée par un
des plus grands d'entre les chercheurs qui ont demandé
à l'occultisme la clef des anciennes civilisations : Saint-
Yves d'Alveydre, dans sa clef chromatique du symbolisme. Les Brahmes, représentants de la tradition orthodoxe, avaient, comme symbole, la couleur blanche,
celle de la race conquérante. Le sanscrit, reflet de la
véritable écriture sacrée (qui, d'après Saint-Yves, serait
le Watan), s'écrivait d'occident en orient (de gauche à
droite), pour indiquer l'origine des vainqueurs.

Au contraire, les écritures atlantes et leur dérivés
s'écrivaient d'orient en occident (de droite à gauche),
tandis que l'écriture des Lémuriens se traçait du ciel à
la terre et d'orient en occident (comme le chinois actuel) et que l'écriture des Noirs s'inscrivait de la terre
au ciel. Tout correspondait strictement à tout, dans
chaque tradition, et la manière d'écrire indiquait analogiquement tout le reste. La couleur sacrée est encore
un autre guide précieux. Les blancs orthodoxes avaient
la couleur blanche, nous l'avons dit, quand le premier
schisme éclata, schisme en même temps scientifique,
philosophique et religieux.

Après trente-cinq siècles de tranquillité, ce schisme
d'Irshou éclata soudain (vers 3200 av. J.-C.), et les révoltés
quittèrent l'Inde, en prenant la couleur rouge pour em-
blème et en cherchant à combattre les créations des orthodoxes, partout où les révoltés étaient les plus forts. On
les nomma pasteurs, Yonijas, pour indiquer leur ignorance des mystères et leur manque de références intellectuelles. Les pasteurs quittèrent l'Inde, envahirent l'Asie
mineure, puis l'Arabie, en refoulant dans le désert les
vieilles colonies celles ; un des courants d'invasion alla
fonder Tyr, où la pourpre, marque des pasteurs à
travers le monde, devint le symbole et la représentation effective des rois absolus, se passant de l'autorité
de la tradition, des tyrans et des Tyriens de toute race

que les initiés combattirent partout de tout leur pouvoir. Un torrent de ces pasteurs, puissants uniquement par la force brutale et le mépris des lois de la civilisation, envahit l'Égypte et s'empara du trône des Pha-Ra-Ons (Dynastie des pasteurs) en se fortifiant du côté de l'Inde, pour éviter un retour des orthodoxes. Pour éviter la perte de toute l'antique tradition, les prêtres orthodoxes D'O-Si-R-Is ou Oshi-Ri, en relations constantes avec les centres primitifs, créèrent les Grands Mystères, qui allaient jouer un rôle si considérable dans l'histoire de l'humanité. C'est en effet de ces temples égyptiens, devenus, vers 2600 av. J.-C., l'Université centrale de l'Occident, que sortirent les révélateurs et les législateurs chargés d'aller combattre partout l'œuvre néfaste des tyrans. Ces grands hommes, qui n'acquéraient la science qu'après des épreuves physiques, morales et spirituelles très dures, rayonnèrent dans tout l'Occident, et il suffit de citer Lycurgue, Solon, Numa, Minos, Pythagore, Platon, d'une part, puis, Orphée, Moïse, d'autre part, pour voir l'importance de cette Université centrale, nommée Hermès, dont tous les temples de l'Occident n'étaient que des écoles secondaires, en relations constantes avec la tête intellectuelle qui parvint à écraser, en se servant des Grecs comme soldats, les efforts des pasteurs et de leurs descendants contre l'orthodoxie.

Il faut comprendre la grandeur de la mission de Pythagore, parcourant tous les Temples de l'Inde et venant ensuite organiser, aux jeux Olympiques, la résistance contre les Perses, qui se préparaient à envahir l'Occident ; il faut comprendre cette mission, conçue comme la conçoivent les occultistes, pour se rendre compte du respect sacré qui s'attachera, par la suite, à ce titre de pythagoricien. Les philosophes grecs ne furent souvent que les singes de leurs maîtres, les Égyptiens, auxquels ils voulurent dénier, par la suite, leur paternité intellectuelle.

C'est cette lutte de l'initiation et des initiés contre la tyrannie qui constitue, pour l'occultisme, la clef ésotérique de l'histoire.

Ne quittons pas ce symbole des couleurs sans parler de la tentative de l'initié orthodoxe qui prit le nom de Fo-hi pour organiser, vers 2700 avant Jésus-Christ, la civilisation d'Extrême-Orient, avec la couleur jaune comme marque initiatique.

Le Chinois est la seule clef encore existante de ce qu'on peut appeler une langue astrale, surtout si l'on se reporte aux anciens caractères figuratifs Siang-Hin, qui donnent la voie de lecture totale des hiéroglyphes péruviens ou égyptiens.

Laissons maintenant l'histoire générale pour nous occuper de la constitution de la tradition secrète de Moïse, qui va servir de base à toute l'orthodoxie en Occident, jusqu'à l'arrivée de Jésus.

Moïse créa, pour l'Occident, ce que Fo-Hi avait créé pour l'Orient, un peuple chargé de porter à travers les âges un résumé symbolique et initiatique de tout l'occultisme antique, une arche sainte, une Thébah (Aleph, Beth, Thau) renfermée sous quelques caractères hiéroglyphiques que, par la suite, Daniel dévoila à Esdras sous la forme de l'hébreu carré actuel. Mais, d'après Saint-Yves d'Alveydre, Moïse écrivit en caractères watan.

L'œuvre confiée par Moïse à ses initiés renfermait la synthèse de la science des rouges, acquise par Moïse en Égypte comme prêtre d'Osiris, et de la science des noirs, acquise auprès de son beau-père Jéthro, dans le temple du désert. Ces deux traditions avaient de plus été strictement vérifiées dans la lumière secrète de la nature par l'extase et la vision directe, qui avaient unifié la révélation et avaient ramené au point de vue réel les anciennes chroniques des guerres de Ioah, dont Moïse s'était inspiré. Le créateur intellectuel des Hébreux constitua son livre en esprit, âme et corps, comme un organisme qu'il était et de la façon suivante :

le corps fut la Massora, ou règles pour écrire ou copier les caractères sacrés, avec défense d'en changer aucun, sous peine de mort spirituelle. L'âme, double et indéfiniment extensible, comme toutes les âmes, fut le Talmud, ou code juridique, avec ses deux pôles : la Mishna et la Ghémarah. Enfin l'esprit de l'œuvre, que, seul, Moïse transmit de son vivant et oralement, fut la Kabbalah. C'est à cette Kabbale, transmise plus ou moins fidèlement jusqu'au moment où saint Jean la revoile dans son *Évangile* et son *Apocalypse*, que se réfèrent la plupart des sociétés initiatiques d'Occident, dévouées à la défense du Christ, tandis que c'est au pythagorisme que se réfère le courant païen.

Résumer l'enseignement de la Kabbale serait reproduire toute la section théorique de cet article, avec des termes hébraïques. Nous reviendrons donc à notre exposé historique. La tradition blanche est ainsi constituée avec son caractère particulier, depuis Moïse. Mais il existe un autre courant traditionnel, à caractère plus politique encore qu'intellectuel, c'est le courant pythagoricien, auquel se rattacheront beaucoup de sociétés secrètes politiques, poursuivant la destruction du pouvoir personnel, et cela nous amène à notre seconde section :

*
* *

Jetons un coup d'œil en arrière et figurons-nous cette ancienne civilisation, dite païenne, en nous demandant quels sont ses ressorts secrets?

Ce sont ces fraternités d'initiés, sortis des temples locaux ou de l'Université centrale d'Égypte, et dont les membres circulent de temple en temple sans avoir besoin d'argent, grâce à la loi de l'hospitalité et aux signes de reconnaissance qui ouvrent toutes les portes sur la terre entière ; car ces prétendus païens ignorent les guerres de religion et savent faire du temple des

différentes forces astrales ou divines, un asile de l'unique
vérité ; Platon, fait esclave, devra aux signes secrets
des initiés sa libération immédiate. Que fallait-il donc
pour faire partie d'une de ces fraternités ? De l'argent ?
Non, car tout était gratuit, et l'élève était logé et nourri
gratuitement pendant toutes 'ses études. Fallait-il être
patricien et de grande naissance ? Non, car l'initiation
était ouverte à tous, esclaves ou non, et une seule
chose était exigée : un courage physique à toute épreuve,
un mépris absolu de la mort, garanties nécessaires
pour les missions qui, plus tard, pouvaient être con-
fiées à l'initié. Après les épreuves, l'initiation commen-
çait et montait, avec la difficulté même des épreuves
progressivement élevée au plan moral, puis au plan
spirituel. Homère, Virgile ont décrit, sous le nom de
descente aux enfers, les diverses phases de ces initiations qui constituaient, dans l'antiquité, l'origine de la
classe d'autant plus réellement dirigeante que l'action
de ses membres était plus désintéressée et plus occulte.
C'est à cette lumière des initiations, disent les occultistes, qu'il faut reprendre et reconstituer toute l'histoire de l'antiquité.

Le grand changement survenu dans le régime des
initiations ne fut pas dû aux persécutions, cependant
nombreuses, que les centres connus subirent de la
part des tyrans, mais à la naissance du christianisme.
Les mages, représentants de l'initiation chaldéenne,
qui, déjà, avaient redonné à Esdras les clefs perdues,
viennent saluer à son berceau la religion de l'Occident
et on voit les quatre formes du sphinx caractériser
chacune un des évangélistes de la Parole divine. En
même temps, les oracles se taisent, ce qui indique
que le mot d'ordre, venu des centres invisibles, était
bien de donner tout l'appui possible à ce christianisme
qui, seul, allait entamer la lutte contre la tyrannie
romaine qui poursuivait avec acharnement la destruction de tous les sanctuaires de haute initiation. Aussi

voyons-nous, sous le nom de gnostiques, les initiés de
tous les centres donner un appui considérable au christianisme naissant. Saint Paul sera le réalisateur pratique du nouvel organisme, mais saint Jean l'Évangéliste et l'auteur de l'Apocalypse en restera toujours
l'initié.

A ce moment, tous les centres marchent d'accord en
faveur de la révélation chrétienne, et la lutte se poursuit jusqu'à la cession du christianisme à l'administration romaine, par des évêques préférant le temporel
au spirituel. A partir de cet instant, les persécutions
contre les centres d'initiations reprennent de plus
belle, mais elles sont dirigées, cette fois, par les membres du clergé chrétien qui, sous prétexte d'hérésie,
veulent anéantir toute trace de l'antique tradition.
C'est alors que commence cette lutte incessante contre
l'idée libre réfugiée à Constantinople, puis, après la
prise de cette ville, dans les Universités si tolérantes
des Arabes, puis dans ces mystérieuses associations
d'hermétistes, de chevaliers initiés, d'adeptes de saint
Jean, etc., etc. Toutes ces formes furent groupées pendant
le moyen âge, d'abord en Westphalie, à partir de
l'an 772, sous le nom de Francs-Comtes ou Francs-Juges,
puis dans toute l'Europe et une partie de l'Asie, à partir
de 1186, par les Templiers. Les Templiers étaient sur
le point de reconstituer l'ancienne fraternité des anciens
temples, avec ses signes de reconnaissance et ses agents
répandus partout ; ils s'apprêtaient à doter la chrétienté d'une instruction large et diffusée, qui aurait
fait avancer l'humanité de plusieurs siècles, quand,
en 1312, ils furent trahis et bientôt dispersés. Les sur-
vivants du massacre, comprenant que leur erreur avait
été d'abandonner la voie des anciennes fraternités initiatiques, se mirent en relation avec les représentants
de l'initiation pythagoricienne, alors existants, et
posèrent les bases de ces associations d'illuminés
d'où sortirent, par la suite, la plupart des rites maçon-

niques. C'est à propos de *Sociétés secrètes* qu'on trouvera des détails que nous sommes obligés de résumer, pour ne pas sortir des limites de notre sujet, et nous allons maintenant voir comment, délaissant la voie des luttes matérielles, les initiés vont appeler l'idée seule au service de leur cause, en déguisant leurs préoccupations sous le voile des recherches alchimiques et de la philosophie.

*
* *

Il ne suffit pas d'affirmer l'influence de l'occultisme sur la philosophie, il faut surtout prouver cette influence par des dates et des noms. Nous allons donc faire l'énumération des principaux d'entre les philosophes que les occultistes considèrent comme étant des leurs, et nous rappellerons simplement qu'on reconnaît les initiés et les disciples de la tradition ésotérique à leur doctrine trinitaire et à l'admission d'un plan ou d'êtres intermédiaires entre le physique et le divin (plan astral de Paracelse et des Martinistes). Il existe, comme nous l'avons dit, deux courants principaux dans la tradition occidentale : 1° le courant pythagoricien et platonicien, formé d'hommes très érudits et savants, mais généralement opposés au mysticisme chrétien et à tendances plutôt païennes (pour les modernes), et 2° le courant chrétien, qui renferme presque tous les encyclopédistes de l'occultisme et ses plus grands réalisateurs. Nous sommes obligés de faire une énumération, peut-être monotone, mais qui aidera à tel point les recherches bibliographiques, que nous n'avons pu nous en dispenser.

Courant pythagoricien et platonicien.

Dans l'école pythagoricienne primitive, dérivée directement de l'Égypte et de la tradition atlante, nous citerons : Pythagore, Charondas, Lysis, Aristée, Alcméon, Timée de Locres, Oenopide, Archytas de Tarente, Philolaüs, Stésimbrote de Thasos.

Dans l'Académie, il faut surtout retenir les noms de Platon, Speusippe, Phormion, Cratès, d'une initiée : Axiotée, et surtout de Xénocrate, qui s'efforça d'établir les rapports du platonisme au pythagorisme, en réduisant les idées aux nombres correspondants. C'est la même idée que reprendra, un siècle avant Jésus-Christ, Antiochus d'Ascalon.

Nous ne citerons pas spécialement Aristote, parce que, bien qu'initié, il n'a développé par écrit que l'exotérisme et a gardé l'ésotérisme pour l'enseignement oral de rares disciples, entre autres Alexandre le Grand. Ses apologistes, ignorant l'existence de l'ésotérisme, ont transformé Aristote à tel point que nous ne considérerons aucun membre du Lycée comme un véritable initié.

Aussi passerons-nous de suite au néo-pythagorisme du 1er siècle avec Euxène d'Héraclée et surtout son illustre disciple : Apollonius de Tyane et ses successeurs, Anaxilas de Larisse, Moderatus, Nicomaque de Gérassa (IIe siècle) et l'initiateur de Caton : Néarque. Nous mettrons hors de pair l'illustre Apulée, un des derniers initiés aux grands mystères et un des rares révélateurs de l'ésotérisme.

Arrivons aux néo-platoniciens, ceux qui donnent le plus de lumières sur le plan astral et les esprits astraux, parmi lesquels nous retiendrons :

Areius Didymus (sous le règne d'Auguste), Thrasylle (sous le règne de Tibère, qui le fit tuer), Plutarque, disciple d'Ammonius d'Alexandrie et qui révéla sous des apparences badines de bien profondes vérités, dans son traité « d'Isis et d'Osiris » ; Albinus, un des initiateurs de Galien, Maxime de Tyr, Taurus Cavisius, qui compta Aulu-Gelle parmi ses auditeurs, Ptolémée d'Alexandrie, et, pour ne pas oublier les initiées : Arria.

De l'école d'Alexandrie, il nous faudrait tout citer.
Après Numesius d'Apanée, nous nous arrêterons surtout sur le nom d'un des plus grands parmi les initiés :
Ammonius Saccas. Ammonius passe pour avoir doté
le christianisme de tout son rituel, dont le principe
est tiré du Mazdéisme, mais il a donné naissance à
une telle pléiade de brillants élèves que l'humanité
doit retenir ce nom. Parmi ces élèves, nous citerons,
après Hérénius et Origène, l'inspirateur d'Allan Kardec, bien malgré lui, Plotin, qui, à son tour, donna
naissance à deux grands courants traditionnels : un
courant occidental, confié à Porphyre, et un courant
oriental, confié à Amélius, qui développa surtout la
pratique mystique. Porphyre eut pour successeur, à
la tête de l'école, l'illustre Jamblique, auquel succéda,
au ive siècle, Adésius, lui-même suivi, à la tête de
l'école fondée en Cappadoce, par Eusthatius.

Retenons la fondation à Athènes d'une nouvelle
école par Plutarque d'Athènes (356-436), qui initia sa
fille Asclépigénie, initiatrice elle-même, avec Syrianus,
élève de Proclus, et terminons ce qui concerne cette
illustre école qui tenta de diffuser les mystères, en rap-
pelant les noms de Hiéroclès, Hypathie, à laquelle l'initiation fut fatale, et Olympiodore et Damascius, soute-
nant encore la renommée de l'école aux ve et vie siècles.
Nous passerons par-dessus le courant purement alchimique pour arriver en 1400, où nous trouverons à citer
Nicolas de Cusa (1401-1464), Marsile Ficin (1433-1499),
le maître de Pic de la Mirandole, Patricius Patrizzi
(1526-1567) et Jordano Bruno (1548-1601), l'inspirateur
de Descartes, Spinoza, Leibnitz, Shelling et aussi
d'Hégel.

Spinoza (1632-1677) ouvre la série des philosophes
s'inspirant de la Kabbale juive dans sa section non
mystique, et ses disciples Cuper, Cufaeler, Parker,
Law et Watchter poursuivirent, plus ou moins heu-
reusement, la même voie.

Les représentants plus modernes de ce courant pythagoricien sont : Hamann (1730-1788), Baader, Staller, Frédéric Schlégel et Weishaupt, réalisateur de la société des « illuminés » et qui vécut de 1748 à 1830.

Nous terminerons cette liste par le nom de l'ange de ce courant d'érudition et de philosophie, nous avons nommé Fabre d'Olivet, l'un des hommes les plus savants qu'ait produits l'occultisme.

Courant mystique et chrétien

C'est dans ce courant que nous allons rencontrer les maîtres réels de l'occultisme contemporain et ses plus illustres représentants, soit anciens, soit modernes. Aussi n'insisterons-nous que sur les plus importants d'entre eux.

Ce sont, bien entendu, les Gnostiques qui ouvrent la série, et c'est par eux que nous devons commencer nos citations. Simon le Mage, Cérinthe, surtout Saturnin, un des kabbalistes de la Gnose ; puis Bardesane, Basilide et enfin Valentin, l'auteur de *Pistis Sophia*, et le chef de l'école gnostique d'Alexandrie, Carpocrate, très estimé des occultistes, Marcion et Manès forment le bataillon des chrétiens s'efforçant d'unir la foi à la philosophie et à la science. Parmi les membres de l'Église, les occultistes revendiquent saint Jean et saint Paul comme étant des leurs. Ce dernier est celui qui a le plus contribué à la diffusion de la constitution trinitaire de l'homme en *spiritus, anima et corpus*.

Pour retrouver la suite du courant occultiste chrétien, nous sauterons à Tauler (1290-1361), à Eckart (1260-1328), le fondateur du mysticisme en Allemagne, et à son élève Suso (1300-1365), créateur de la fraternité des « Amis de Dieu ». Ce sont tous des adversaires de la scholastique, cette création païenne de l'exotérisme d'Aristote, sous couleur d'orthodoxie chrétienne. Aussi tous les initiés, soit oralement instruits comme Gerson (1362-1429), le hardi défenseur de la doctrine trinitaire des trois sphères de l'homme, ou Pétrarque, soit illuminés par la vision directe, comme Ruysbroek, dit l'admirable, ont-ils été les adversaires de la scholastique, de même que les lettrés et les réformateurs comme Ange Politien (1454-1494), Rodolphe Agricola (1444-1480) et Luther.

Nous arrivons maintenant aux encyclopédistes et aux réalisateurs de l'occultisme, les seuls qui soient considérés sans discussion, comme des mystiques, par les critiques et les historiens. Citons, par ordre approximatif de dates Reuchlin (1455-1522), Jean Pic de la Mirandole (1463-1494) et son fils François, Cornélius Agrippa, conseiller de Charles-Quint et auteur de la *Philosophie occulte*, la première encyclopédie réelle de la matière. Agrippa vécut de 1486 à 1535. Ricci, Léon l'Hébreu et surtout Paracelse (1493-1541), le grand réalisateur et le grand maître de l'occultisme scientifique, le créateur de l'Homéopathie et celui qui a le mieux étudié le corps astral et le plan astral auxquels il a donné leur nom ; Cardan (1501-1576), le plus humble et le plus savant des illuminés ; Guillaume Postel, le ressuscité (1510-1581) ; Michel Servet (1509-1553), Amos Caménius (1592-1671), Bayer, Mennens et Valentin Weigel, élève de Tauler et de Paracelse, complètent cette liste, qui se continue avec Jacob Bœhm (1575-1624), l'inspirateur et le guide de presque tous les illuminés, Robert Fludd (1574-1637), encyclopédiste et réalisateur, fondateur, par ordre des Rose-Croix, de la Franc-Maçonnerie, Pordage (1625-1698), maître d'abord, puis élève de Jeanne Leade, enfin Van Helmont le père (1577-1644), le Paracelse du XVIIᵉ siècle, et son fils François Van Helmont (1618-1699) qui exerça une si grande influence sur Gœthe et sur Leibnitz et qui, de plus, aida à la publication de la *Kabbala Denudata*, Angélius Silézius (1624-1677), et Poiret (1646-1719) nous amènent à Swedenborg (1688-1777). Swedenborg est surtout connu comme philosophe et voyant, mais on ne tient pas compte de son œuvre de réalisation, qui est cependant des plus grandioses. C'est à Swedenborg que se rattachent en effet toutes les fraternités chrétiennes de l'Occident, car il fut inspirateur de Martines de Pasqually (1715-1799) qui, lui-même, initia Claude de Saint-Martin (1743-1803) et fut la tête de cet Ordre Martiniste qui a pris, depuis, une si grande importance. Lavater (1741-1801), qui peut être considéré comme un des précurseurs du spiritisme, de Maistre (1753-1821), de Bonald (1753-1840), Ballanche (1776-1847) nous conduisent à Wronski et à Eliphas Lévi (l'abbé Constant), auxquels, avec Louis Lucas, se rattachent presque tous les occultistes contemporains.

Mais, avant de passer à l'époque actuelle, il nous faut revenir encore en arrière pour rappeler les noms de plusieurs occultistes qui n'ont pu trouver place dans l'énumération précédente, surtout réservée aux philosophes. Nous rappellerons donc l'astrologue d'Ailly, Albert le Grand, évêque de Ratisbonne et maître de saint Thomas, auquel on attribue un grimoire qui n'a rien de sorcier. Albumazar, astrologue du IXe siècle, Apomazar, célèbre devin arabe, Pierre d'Apone connu comme magicien (1270), le marquis d'Argens, né en 1704 en Provence et auteur des *Lettres cabalistiques*, Armide rendu célèbre par le Tasse, Arnaud de Villeneuve, alchimiste et astrologue, Roger Bacon, Basile Valentin, Jean Bodin, Henri Boguet, Balthazar Bekker, qui se sont occupés de l'occulte au point de vue juridique, Borri, alchimiste de la reine Christine, Thomas Bungey, et n'oublions pas Cagliostro, chargé de mission par les illuminés d'Allemagne et considéré comme un charlatan par les profanes. Cagliostro, doué de connaissances magnétiques et nécromanciques assez étendues, jeta les bases pratiques de la Révolution qu'il était venu organiser. Citons ensuite, toujours par ordre alphabétique, dom Calmet, l'auteur de la dissertation sur les *Revenants et les Vampires*, Thomas

Campanella, Catherine de Médicis et Charles d'Angleterre, s'occupant, la première de sorcellerie, le second
d'alchimie, Barthélémy Coclès, le plus fameux chiromancien du xvie siècle, le démonographe Pierre De-
lancre, le jésuite Delrio, auteur des *Recherches magiques*, la possédée Didyme, le voyant allemand Engel-
precht, mort en 1642, le fameux Etteila, de son vrai
nom Alliette, le rénovateur de la cartomancie, l'abbé
Faria qui a découvert la suggestion verbale, le voyant
du xvie siècle, Falgenhaver, l'alchimiste Fioraventi, auteur du *Trésor de la vie humaine* (1570), Nicolas Flamel
qui, d'après la tradition orale, serait encore vivant en
Asie Mineure et fut un des adeptes les plus élevés, le
grand kabbaliste Jacques Gaffarel, Garinet, l'auteur de
l'*Histoire de la magie en France*, Gaufredi, un pauvre
aliéné qu'on brûla comme sorcier en 1611, l'astrologue
Luc Gauric, né en 1476 et en qui Catherine de Médicis
avait grande confiance, et Urbain Grandier, ce sorcier malgré lui, exécuté sur la déposition de quelques
hystériques. Un pape, Grégoire VII, figure parmi les
écrivains de l'occultisme ; le magicien espagnol Gril-
landus, l'alchimiste Gustenhover et les deux Isaac de
Hollande, Jehan de Meung, l'auteur du *Roman de la
Rose*, que le Dante compléta par le *Roman de la Croix*,
et saint Jérôme, sont considérés comme occultistes
dans la liste de Ferdinand Denis. Une mention toute
spéciale est due à Athanase Kircher, jésuite, qui eut
l'habileté de faire imprimer ses œuvres par le Vatican ;
sous prétexte d'attaquer l'occultisme, il en fait un
exposé encyclopédique très complet. Kircher est connu
par l'invention de la lanterne magique ; il mourut à
Rome en 1680. Après lui nous citerons l'astrologue
populaire Mathieu Laensberg, puis Langlet-Dufresnoy,
auteur de l'*Histoire de la philosophie Hermétique*, classique encore aujourd'hui dans les écoles d'occultisme.
Le marquis Le Gendre, auteur du *Traité de l'Opinion*,
le démonographe Pierre Le Loyer, le barde Merlin, du

vᵉ siècle, le chiromancien Moreau que consulta Napoléon, Gabriel Naudé et Nostradamus, le plus célèbre
des prophètes contemporains et anciens. Parmi ceux
que nous n'avons pas encore cités, se trouvent aussi :
Gilles de Retz, un aliéné qui donna naissance à la lé-
gende de Barbe-Bleue et qui fut brûlé vif en 1440,
Cosmé Ruggieri, un autre astrologue de Catherine de
Médicis, Raymond Lulle, considéré à juste titre comme
un des grands maîtres de l'hermétisme, le comte de
Saint-Germain, être vivant et nom collectif des illuminés
qui conflèrent à Cagliostro sa mission, le sorcier
Trois-Echelles brûlé sous Charles IX, l'abbé de Villars assassiné pour avoir révélé certains secrets pratiques des Rose-Croix. Il fut tué sur la route de Lyon
en 1673, et, pour clore cette liste, l'élève d'Agrippa,
Jean Wierus, qui publia d'importantes études de dé-
monographie. On voit par tous ces noms l'importance
acquise par l'occultisme à toute époque et son action
sur les esprits les plus élevés. Il y aurait une section
spéciale à consacrer à l'influence de la science occulte
sur la littérature. Quand nous aurons rappelé que Shakespeare fut initié, que Gœthe pratiqua l'hermétisme,
que, plus près de nous, Balzac fut martiniste, et que
Edgar Poë fut affilié aux groupes pythagoriciens, nous
aurons indiqué les grandes lignes de cette influence.
Revenons maintenant à notre époque et cherchons
quelle est la situation de l'occultisme au xɪxᵉ siècle.
Nous éviterons autant que possible les questions personnelles et nous nous en tiendrons aux grandes lignes
et aux grandes divisions du mouvement occultiste.
Mais, auparavant, disons les idées des occultistes sur
la Sociologie.

CHAPITRE VII

LA SOCIOLOGIE ET L'OCCULTISME

La Synarchie. — Conception des gouvernements actuels. —
République. — Monarchie. — Théocratie. — Institutions
représentatives. — Empires. — Les continuateurs de la
Synarchie. — Anatomie. — Physiologie. — Pathologie. —
L'économie politique et la méthode synthétique. — Biblio-
graphie de l'occulte. — Conclusion.

Nous ne saurions terminer l'exposé philosophique
de l'occultisme sans parler de la sociologie qui, toujours, fut l'objet d'études suivies dans ces Temples qui
envoyaient des législateurs tels que Lycurgue, Solon,
Pythagore, Numa, etc.

De toute antiquité, la société fut considérée par les
occultistes comme un organisme vivant. Un écrivain
contemporain qui s'est voué spécialement à cette question : F.-Ch. Barlet, a même déterminé strictement
cette loi, en montrant que la société est un être vivant
ayant le pouvoir de créer et de modifier ses organes les
plus essentiels.

La société vraiment normale, pour l'occultiste, est
donc celle qui se rapproche le plus de la constitution
trinitaire de tout organisme supérieur et qui comprend
une tête, un thorax et un abdomen sociaux.

L'économie politique est la représentation de l'abdomen social, les forces juridiques et militaires repré-

sentent la double polarisation thoracique, et les Universités et les religions, la partie intellectuelle de la société. Un état moderne, organisé d'après cette conception, nommée SYNARCHIE par Saint-Yves d'Alveydre, aurait trois chambres : une chambre économique, déléguée par les syndicats, une chambre juridique, une chambre universitaire et religieuse. Le suffrage est strictement professionnel, chacun votant selon sa situation sociale dans un des trois plans. Cette organisation a le mérite de ne pas être une conception purement théorique puisqu'elle a fonctionné plusieurs siècles et que, seule, elle a duré plus que toutes les formes ultérieures réunies. Saint-Yves d'Alveydre a consacré à cette démonstration une immense érudition et un très réel talent dans ses *Missions*.

Aussi nous semble-t-il très utile de développer particulièrement cette conception de la synarchie, à laquelle se rattachent presque tous les occultistes contemporains. Cela nous permettra aussi de développer une nouvelle adaptation de l'analogie à l'étude de la société.

La Synarchie

Après avoir passé près de vingt années à l'étude approfondie de l'histoire, un chercheur contemporain, le *marquis de Saint-Yves d'Alveydre*, établit l'existence d'une loi d'organisation des sociétés telle que les peuples qui avaient mis cette loi en application avaient vu leur gouvernement durer des siècles, tandis qu'au contraire ceux qui avaient perdu la notion de cette loi ne tardaient pas à se troubler plus ou moins profondément. De là le nom de synthèse du gouvernement ou *Synarchie* (συνάρχη) donné à cette loi d'organisation sociale.

Avant tout, qu'il nous soit permis de différencier les recherches de M. de Saint-Yves d'avec les conceptions plus ou moins utopiques des socialistes contemporains. La synarchie *a été appliquée* pendant des siècles à l'humanité et fonctionne encore avec peu de modifications en Chine. Ce n'est donc pas un rêve, ni une invention destinée à faire ses preuves ; c'est une réalité dont on peut tenir plus ou moins compte, mais qui n'en existe pas moins.

La Synarchie est la loi de vitalité existant aussi bien dans l'organisme social que dans l'organisme humain, et, à la rigueur, tout chercheur peut découvrir cette loi en appliquant à la société les principes de physiologie qui dirigent l'organisme humain, considéré comme le plus évolué des organismes animaux.

Après avoir consacré plusieurs ouvrages à la vérification de cette loi dans l'histoire : *la Mission des Juifs* exposant l'histoire universelle, *la Mission des Souverains*, l'histoire de l'Europe, *la Mission des Français*, l'histoire de France, M. de Saint-Yves a fait tous ses efforts pour montrer comment, par simple décret, on pouvait appliquer cette loi à notre société actuelle. Il y a donc loin de là à la révolution pacifique ou violente prêchée par les socialistes et à la destruction des rouages sociaux prêchée par les anarchistes.

Ce qui frappe en premier lieu le chercheur dans les ouvrages de notre auteur, c'est la généralité de ces principes qui sont ici appliqués uniquement au social. Nous pouvons affirmer sans crainte d'être contredit que Saint-Yves d'Alveydre a trouvé la physiologie de l'Humanité ; bien plus, qu'il a déterminé la loi de relation des divers groupes de l'humanité entre eux.

Tout est analogue dans l'Univers ; la loi qui dirige une cellule de l'homme doit scientifiquement diriger cet homme ; la loi qui dirige un homme doit scientifiquement diriger une collectivité humaine, une nation, une race.

Étudions donc rapidement la constitution physiologique d'un homme. Point n'est besoin pour cela d'entrer dans de grands détails, et nos déductions seront d'autant plus vraies qu'elles s'appuieront sur des données plus généralement admises.

L'homme mange, l'homme vit, l'homme pense.

Il mange et se nourrit grâce à son estomac, il vit grâce à son cœur, il pense grâce à son cerveau.

Ses organes digestifs sont chargés de diriger *l'économie* de la machine, de remplacer les pertes par de la nourriture et de mettre en réserve les excédents à l'occasion.

Ses organes circulatoires sont chargés de porter partout la force nécessaire à la marche de la machine, de même que les organes digestifs fournissent la matière. Ce qui a la force, c'est un *pouvoir*; les organes circulatoires exercent donc le pouvoir dans la machine humaine.

Enfin les organes nerveux de l'homme dirigent tout cela. Par l'intermédiaire du grand sympathique inconscient marchent les organes digestifs et circulatoires; par l'intermédiaire du système nerveux conscient, les organes locomoteurs. Les organes nerveux représentent *l'autorité*.

Économie, Pouvoir, Autorité : voilà le résumé des trois grandes fonctions renfermées dans l'homme physiologique.

Quelle est la relation de ces trois principes entre eux ?

Tant que le ventre reçoit la nourriture nécessaire, l'économie fonctionne bien. Si le cerveau, de propos délibéré, veut restreindre la nourriture, l'estomac crie : « J'ai faim, ordonne aux membres de me donner la nourriture nécessaire. » Si le cerveau résiste, l'estomac cause la ruine de tout l'organisme et par lui-même celle du cerveau; l'homme meurt de faim.

Tant que les poumons respirent à l'aise, un sang vivificateur, c'est-à-dire *puissant*, circule dans l'organisme. Si le cerveau refuse de faire marcher les poumons ou les conduit dans un milieu malsain, ceux-ci préviennent le cerveau de leur besoin par l'angoisse qui peut se traduire : Donne-nous de l'air pur, si tu veux que nous fassions marcher la machine. Si le cerveau n'a plus assez d'autorité pour le faire, les jambes ne lui obéissent plus, elles sont trop faibles, tout s'écroule, et l'homme meurt d'asphyxie.

Nous pourrions pousser cette étude plus loin, mais nous pensons qu'elle suffit à montrer au lecteur le jeu des trois grandes puissances : Économie, Pouvoir, Autorité, dans l'organisme humain.

Retrouvons maintenant ces grandes divisions dans la société.

Réunissez en un groupe toute la richesse d'un pays avec tous ses moyens d'action, agriculture, commerce, industrie, vous aurez le ventre de ce pays, constituant la source de son ÉCONOMIE.

Réunissez en un groupe toute l'armée, tous les magistrats d'un pays, vous aurez la poitrine de ce pays, constituant la source de son POUVOIR.

Réunissez en un groupe tous les professeurs, tous les savants, tous les membres de tous les cultes, tous les littérateurs d'un pays, vous aurez le cerveau de ce pays, constituant la source de son AUTORITÉ.

Voulez-vous maintenant découvrir le rapport scientifique de ces groupes entre eux, dites :

VENTRE	= ÉCONOMIE =	ÉCONOMIQUE
POITRINE	= POUVOIR =	JURIDIQUE
TÊTE	= AUTORITÉ =	ENSEIGNANT

et établissez les rapports physiologiques.

Qu'arrivera-t-il si, dans un État, l'autorité refuse de donner satisfaction aux justes réclamations des gouvernés ?

Établissez cela analogiquement, et dites :

Qu'arrivera-t-il si, dans un organisme, le cerveau refuse de donner satisfaction aux justes réclamations de l'estomac ?

La réponse est facile à prévoir. L'estomac fera souffrir le cerveau et finalement l'homme mourra.

Les gouvernés feront souffrir les gouvernants, et finalement la nation périra.

La loi est fatale.

Ainsi dans la physiologie de la société comme dans celle de l'homme individuel, il existe un double courant :

1º Courant des gouvernants aux gouvernés, analogue au courant du système nerveux ganglionnaire aux organes viscéraux;

2º Courant réactionnel des gouvernés aux gouvernants, analogue au courant des fonctions viscérales aux fonctions nerveuses.

Les pouvoirs *Enseignant*, *Juridique*, *Économique*, constituent le second courant.

Le premier est formé par les pouvoirs *Législatif*, *Judiciaire*, *Exécutif*.

Tels sont les deux pôles, les deux plateaux de la balance synarchique.

Nous avons choisi cette façon d'exposer le système de M. Saint-Yves d'Alveydre afin de mieux faire sentir à tous son caractère dominant : une analogie toujours strictement observée avec les manifestations de la vie dans la nature.

Tel est et sera toujours le cachet d'une création se rattachant au véritable ésotérisme; tout système social ne suivant pas analogiquement les évolutions naturelles est un rêve et rien de plus.

On voit que, somme toute, la découverte mise à jour dans les *Missions* est celle de la loi des gouvernés *Enseignant*, *Juridique*, *Économique*; car la loi des gouvernants *Législatif*, *Judiciaire*, *Exécutif* est connue depuis bien longtemps, transmise par le monde païen.

Déterminer scientifiquement l'existence et la loi de la

vie organique d'un peuple ; déterminer de même la vie
de relation de peuple à peuple et de race à race : tels
sont les problèmes étudiés dans les ouvrages de Saint-
Yves d'Alveydre. Partout la vie doit suivre des lois
analogues ; aussi, pour ne parler qu'en passant de la
vie de relation des peuples européens entre eux, il ne
faut pas être grand clerc pour voir son organisation
antinaturelle. Représentez-vous, en effet, des individus
agissant entre eux comme le font les grandes puissances ? Combien de temps resteraient-ils sans aller à
Mazas ? La loi qui règle aujourd'hui les relations de
peuple à peuple c'est celle des brigands, toujours armés,
toujours prêts à s'allier pour tomber sur le plus faible et
se partager sa fortune. Quel exemple pour les citoyens !

C'est pourquoi le chercheur peut scientifiquement
parler à tous les peuples et leur dire :

« Changez vos rois, changez vos gouvernements,
vous ne ferez rien qu'aggraver vos maux. Ceux-ci viennent non pas de la forme gouvernementale, mais bien
de la Loi qui la constitue. Appliquez la loi de la nature
et l'avenir s'ouvrira radieux pour vous et vos enfants ! »

CONCEPTION DES GOUVERNEMENTS ACTUELS

La synarchie, fonctionnant non plus comme un système, mais comme une loi scientifique, permet donc
de voir la situation exacte qu'occupent les diverses
formes de gouvernement dans la hiérarchie des sciences
sociales. Aussi allons-nous laisser la parole à M. de
Saint-Yves lui-même, afin de mieux faire connaître ses
travaux dans son exposé de la définition des diverses
formes de gouvernement. L'extrait suivant est tiré de
la *Mission des Souverains*, chapitre premier.

Dans ces recherches sur l'origine du droit commun
et du gouvernement général de l'Europe, nous aurons
à prononcer souvent les noms de république, de monarchie, de théocratie.

Il importe de déterminer l'exacte et rigoureuse signi-
fication de ces noms, sans procéder par abstraction
idéologique, comme on ne l'a que trop fait, depuis Platon jusqu'à Montesquieu, mais par l'observation et par
l'expérience traditives, dont l'histoire est le procès-
verbal.

Comme notre but est tout autre que de nous trom-
per nous-mêmes en sacrifiant à la mysticité politique
des autres, nous ne reculerons pas devant la scientifique
vérité.

Les formes de gouvernement que nous avons à définir d'après leurs caractères historiques, sont pures
ou mixtes, radicales ou composées, selon que leur titre
nominal est ou n'est pas l'expression de leur principe
propre et du moyen par lequel il doit tendre à réaliser
sa fin.

République

Le principe de la république pure est la **volonté po-**
pulaire.

La fin que se propose cette volonté est la liberté illi-
mitée des citoyens.

Le moyen par lequel ce principe tend à réaliser cette
fin est l'égalité juridique, sans distinction de plans,
sans hiérarchie de fonctions.

La condition radicale, l'organisme typique correspondant à l'emploi de ce moyen, est la nomination
directe des magistrats par le peuple assemblé en masse,
sans représentants ni délégués, en un mot, **sans inter-**
médiaires.

La garantie de cette forme de gouvernement est
l'esclavage domestique, l'asservissement civil, agricole
ou militaire du plus grand nombre, l'exil **ou l'ostra-**
cisme politique.

Athènes réalisa ce type réel de la République; mais
l'éclat dont elle brilla ne doit pas faire **illusion, car il**

est emprunté à des institutions théocratiques importées en Grèce, de Phénicie et surtout d'Égypte : mystères d'Orphée, rites de Delphes et d'Éleusis, Amphictyons, etc.

La liberté des citoyens avait, dans cette République, l'esclavage pour garantie, et personne n'était à l'abri de cette redoutable et perpétuelle menace.

C'est ainsi que, si Nicétès n'avait pas racheté la liberté de Platon, ce vulgarisateur de Pythagore, malgré sa métaphysique fantaisiste sur la république, aurait dû limiter ses vertus républicaines à la stricte pratique de ses devoirs d'esclave, sous peine du fouet, de la torture et du pal.

Carthage eut également une République pure, avec la Terreur comme ressort, dans la statue de Moloch, et l'esclavage des Numides, comme base et piédestal, comme support et garantie de la liberté.

Fondée par des brigands, ancien bourg de l'Étrurie théocratique, Rome, plus grossière qu'Athènes, plus brutale encore que Carthage, se conforma également à la donnée de la république radicale, quoique avec certains tempéraments, que lui imposèrent les débris de la royauté et de la théocratie, dont elle essaya vainement d'effacer l'influence et le souvenir.

C'est ainsi que le Souverain Pontife romain, avec son collège de douze grands prêtres, était armé d'un pouvoir assez considérable pour suspendre et dissoudre les assemblées populaires, et, lorsque l'opinion travaillée par le pyrrhonisme cessa d'accorder à la religion la foi, au Souverain Pontificat le crédit nécessaire à sa fonction, la patrie de Cincinnatus était devenue celle de Sylla, et Jules César allait mettre sur sa tête la tiare et la couronne impériale.

Rome républicaine, pour rester libre, ne se contenta pas de l'esclavage domestique ; elle asservit encore l'Europe et une partie de l'Afrique et de l'Asie.

Dans la chrétienté, il n'y a jamais eu de république réelle.

Le gouvernement des villes d'Italie, de Flandre, de Hollande, ne fut républicain que de nom.

En réalité représentatif, le système de ces villes fut municipal ou emporocratique, parfois les deux ensemble, comme sont plus ou moins aujourd'hui l'Angleterre, les États-Unis, la Suisse et comme voudrait être la démocratie bourgeoise de France, sans pouvoir y arriver, pour des causes inutiles à dévoiler ici.

Monarchie

Quand Montesquieu, après avoir dit que le principe des républiques était la vertu, a prétendu que celui des monarchies était l'honneur, il a pensé soit en courtisan des rois et des peuples, soit comme l'eût fait aujourd'hui M. Prudhomme, mais non pas comme Montesquieu.

Le principe de la monarchie pure est l'énergie de son fondateur, c'est-à-dire du plus fort et du plus heureux, si l'on entend par ce mot le plus favorisé par le destin.

La fin que se propose la monarchie pure est l'autocratie.

Le moyen par lequel ce principe tend vers sa fin est la centralisation de tous les pouvoirs dans la personne du monarque.

La condition juridique indispensable à l'emploi de ce moyen, est que la loi émane directement du despote, sans représentants ni délégués royaux, autres que des greffiers, des juges et des exécuteurs.

La garantie de cette forme de gouvernement est le meurtre légal : car, dans les conditions d'anarchie publique qui nécessitent et permettent la fondation de la monarchie pure, pour sauver l'unité de la vie nationale, il faut être maître de la mort.

La monarchie pure régna chez les Assyriens ; les Cyrus, les Attila, les Gengis-Khan, les Timour en portent le caractère réel.

Dans la chrétienté, il n'y a jamais eu de monarchie réelle, dans le sens absolu de ce mot.

Dans chaque pays chrétien tendant à l'unité, l'autocratie a bien été le but des dynastes, car sans ce but ils n'auraient pas eu de mobile d'énergie assez puissant pour créer et conserver l'unité nationale.

Mais, quoique la plupart d'entre eux n'aient pas plus méconnu les garanties du despotisme que leurs prédécesseurs asiatiques, ils n'ont pas pu en user radicalement d'une manière suivie.

Théocratie

Le principe de la théocratie pure est la religion.

La fin qu'elle se propose est la culture universelle des consciences et des intelligences, leur union et leur paix sociale.

Le moyen par lequel ce principe tend vers sa fin est la tolérance de tous les cultes et leur rappel à leur principe commun.

La condition nécessaire à l'emploi de ce moyen est l'assentiment libre des législateurs et des peuples à l'efficacité pratique de la science et de la vertu du sacerdoce et de son fondateur.

La garantie de cette forme de gouvernement est la réalisation incessante de la perfection divine par le développement de la perfectibilité humaine : éducation, instruction, initiation, sélection des meilleurs.

Avant le schisme d'Irshou, l'Asie, l'Afrique, l'Europe entière furent gouvernées par une théocratie, dont toutes les religions d'Égypte, de Palestine, de Grèce, d'Étrurie, de Gaule, d'Espagne, de Grande-Bretagne, ne furent que le démembrement et la dissolution.

Cette théocratie, nettement indiquée dans les annales sacrées des Hindous, des Perses, des Chinois, des Égyptiens, des Hébreux, des Phéniciens, des Étrusques, des Druides et des Bardes celtiques, et jusque dans les

chants de l'extrême Scandinavie et de l'Islande, cette
théocratie. dis-je, fut fondée par le conquérant que
célèbrent le Ramayan de Walmiki et les Dionysiaques
de Nonus.

C'est grâce à cette unité première dont on retrouve partout les traces positives, et dont les anciens
temples conservaient la tradition, que nous voyons
encore, dans Damis et dans Philostrate, Apollonius de
Tyane, contemporain de Jésus-Christ, aller converser
successivement dans tous les centres religieux du
monde et avec tous les prêtres et tous les cultes, depuis
la Gaule jusqu'au fond des Indes et de l'Éthiopie.

De nos jours, la franc-maçonnerie, charpente et
squelette d'une théocratie, est la seule institution qui
porte ce caractère d'universalité, et qui, à partir du
trente-troisième degré, rappelle un peu, quant aux
cadres, l'ancienne alliance intellectuelle et religieuse.

Moïse, initié à la science du sacerdoce d'Égypte, où,
depuis le schisme d'Irshou, régnait une théocratie
mixte, voulut sauver de la dissolution religieuse et intellectuelle quelques livres sacrés renfermant d'une
manière extrêmement couverte la science fondamentale
de cette ancienne unité.

C'est pourquoi ce grand homme fonda cette théocratie d'Israël dont la chrétienté et l'Islam sont les
colonies religieuses.

La chrétienté n'a jamais eu de théocratie, soit pure,
soit mixte, parce que la religion chrétienne, représentée par des Églises rivales, dès le ve siècle, et subor-
donnée par sa constitution démocratique à une forme
politique oscillant entre la république et l'empire, n'a
jamais pu, comme culte, atteindre à l'unité intellectuelle, à l'enseignement scientifique, à l'éducation, à la
sélection et à l'initiation qui sont la garantie de la
théocratie.

Les moyens nécessaires de cette forme de gouvernement : *tolérance de tous les cultes, leur rappel à leur*

principe commun, n'ont jamais pu être employés, ni dans les conciles généraux des premiers siècles, ni dans les conciles partiels qui ont suivi la séparation de l'Église grecque et de l'Église latine, ni par la papauté qui, vu sa situation politique et partive dans la chrétienté, n'a pu, malgré tous ses efforts, faire œuvre que de pouvoir clérical et sectaire, ce qui est tout le contraire de l'autorité théocratique.

Néanmoins, la puissance intellectuelle et morale de Jésus-Christ est tellement grande, tellement théocratique, que même réduite à la purification de l'esprit et de la conscience individuels, sans pouvoir agir religieusement sur les sacerdoces divisés et, par eux, sur les institutions générales de l'Europe, elle a cependant déterminé, dans le monde chrétien, la force universelle d'opinion qui repousse les chaînes du démagogue, les instruments de mort du despote, rend impossible l'établissement, soit de la république absolue, soit de la monarchie radicale, et paralyse tout gouvernement politique réel.

Honneur et gloire en soient éternellement rendus à Jésus-Christ !

Cependant, hâtons-nous de le dire, ce qui n'est pas possible dans la Chrétienté, l'est partout ailleurs.

Les races de l'Afrique, celles de l'Asie surtout, bien que contenues par l'Islam, tant que les Turcs possèdent Constantinople, sont dans des conditions qui permettent l'établissement de la monarchie pure.

Et qu'on ne croie pas que les armes matérielles de notre civilisation, que nos systèmes modernes de guerre, nous soient exclusivement acquis : ils se prêtent, au contraire, le mieux du monde, aussi bien au tempérament disciplinaire de ces races qu'aux invasions par masses profondes dont elles sont coutumières, dès qu'un despote assez énergique les rassemble et les soulève.

Ce n'est pas un million, mais vingt millions d'hommes

armés et entraînés à l'Européenne, que les efforts réunis des peuples d'Afrique et d'Asie, soutenus par l'Islam et l'empire chinois peuvent lancer, à un moment donné, sur l'Europe divisée contre elle-même.

Reprenant sa route habituelle des côtes d'Afrique en Italie et en Espagne, d'Italie et d'Espagne vers le cœur de l'Occident, du Caucase jusqu'à l'Atlantique, ce déluge humain peut de nouveau crouler, balayant tout sur son passage.

Le gouvernement général de l'Europe la prédispose plus que jamais à toutes les conséquences de ce retour de mouvements périodiques, qu'il est possible de prévoir à de certains indices soit apparents, soit secrets.

Divisés entre eux, sans liens religieux ni juridiques réels, les États européens seraient, les uns contre les autres, les premiers auxiliaires des envahisseurs.

Le mercantilisme est prêt à fournir les armes, pourvu qu'on les lui paye, et on le fait, et il sait bien faire parvenir à destination canons, fusils, boulets, balles et poudre.

La compétition coloniale, la rivalité des États, la jalousie des peuples chrétiens donneront de plus en plus tous les instructeurs, toutes les instructions militaires nécessaires.

Chaque nation européenne, pourvu que le mal soit éloigné d'elle, ne bougera certainement pas pour en sauvegarder celle pour laquelle il sera immédiat ou prochain : elle se réjouira, au contraire, dans sa sécurité, sans prévoir sa catastrophe finale, car, dans la politique internationale des gouvernements dits chrétiens, tous les sentiments immoraux et, par conséquent, anti-intellectuels sont les seuls autorisés à se produire.

Quant au ressort capable de propulser, des deux autres continents sur le nôtre, cette formidable balistique des déluges humains, il se trouvera, sûrement, commé autrefois, dans l'indomptable énergie d'un Asiatique ou d'un Africain capable d'une monarchie absolue et d'un gigantesque et sombre dessein propre à transporter l'âme fatidique de leurs races.

De tels rois n'hésiteront pas plus que par le passé devant les conséquences de leur principe politique.

La monarchie simple et ferme se montrera de nouveau en eux, exécutrice radicale des arrêts du destin, fauchant les têtes des familles impériales et royales détrônées, rasant par le feu des pays entiers, égorgeant les grands, forçant les petits à marcher dans ses armées, se gorgeant de nos biens, et, pour venger leurs peuples de l'immoralité de l'Europe coloniale, changeant nos métropoles en un monceau lugubre de pierres et d'ornements calcinés, noyant dans le sang nos nations, ou les dispersant aux quatre coins de l'Asie et de l'Afrique.

L'Europe chrétienne n'a plus de force politique à opposer à ces calamités, la république pure et la monarchie simple y étant également impossibles en raison de l'immoralité nécessaire de leurs garanties.

Pour ces motifs, comme pour beaucoup d'autres, il nous faudra chercher, en dehors de la politique, le lien possible des nations européennes.

Nous devons parler maintenant du tempérament par lequel on essaie, depuis si longtemps, de remplacer en Europe les garanties de la monarchie et de la république réelles; le lecteur a déjà deviné qu'il s'agit des institutions représentatives.

Institutions représentatives

On a dit que l'idée des représentants était moderne; c'est une des erreurs de notre temps.

Comme chaque paysan croit son village plus beau que tous les autres et flatte son orgueil local en attribuant à son clocher une suprématie sur tous les clochers voisins, ainsi ceux mêmes d'entre nous qui prennent sur eux d'enseigner les autres, sont souvent paysans sous ce rapport et répugnent à sortir, par la pensée, de leur temps et de leur milieu, pour observer et juger sainement ce qu'ils condamnent d'avance.

La politique est vieille comme le monde, et, partout comme dans tous les temps, ses moyens ont été conformes à ses besoins.

Renouvelées des formes gouvernementales des anciens Celtes autochtones, de la primitive Église, et avant elle du néo-celticisme d'Odin qui détermina le système féodal des Goths, les institutions représentatives semblent s'adapter aussi bien à la république qu'à la monarchie.

Cependant, elles ne tempèrent ces gouvernements politiques qu'en les paralysant à la fois dans leurs principes, dans leurs moyens et en éloignant sans cesse leurs fins.

En effet, la volonté démagogique ne peut pas être représentée sans être absente des deux pouvoirs législatif et exécutif.

De même, l'énergie du despote ne peut pas se déléguer, sans se reléguer derrière un parlement ou une cour de justice.

Dans le premier cas, il n'y a plus de république pure, puisque l'oligarchie représentative, et non le peuple seul, légifère et gouverne, nomme les magistrats et limite la liberté de tous et de chacun.

Dans le second cas, il n'y a plus de monarchie pure puisque l'oligarchie représentative, et non le monarque seul, légifère, partage le gouvernement et, soit sous la poussée de sa propre ambition, soit sous celle des factions, peut frapper de la loi et de la mort le roi lui-même, dépouillé de l'usage exclusif du moyen et de la garantie de sa fonction.

Dans les monarchies bâtardes, ou représentatives, ces deux forces, la volonté du démagogue, l'énergie du monarque, se combattent perpétuellement d'une manière latente ou déclarée.

Dans les républiques bâtardes, ou constitutionnelles, le duel se passe entre la démagogie et l'oligarchie représentative ; mais le dualisme y est toujours déclaré.

Il faut, de deux choses l'une, que le roi et l'oligarchie représentative, dans la monarchie constitutionnelle, l'oligarchie et sa tête, si elle en a une, président, stathouder, protecteur, dans la république bâtarde, puissent, si la situation géographique de leur pays s'y prête, lâcher leur démagogie sur des colonies maritimes ou la lancer dans des conquêtes militaires.

Dans le premier cas, la république comme la monarchie tendent à l'Emporocratie, c'est-à-dire à la prédominance des intérêts économiques considérés comme mobiles de gouvernement.

Dans le second cas, la république comme la monarchie inclinent vers l'Empire, si la conquête militaire des peuples étrangers dure, et se change, par conséquent, en domination politique.

Tyr, Carthage, Venise, Gênes, Milan, Florence, l'Espagne, le Portugal, la Hollande, l'Angleterre furent emporocratiques, quelles que fussent d'ailleurs les bases républicaines ou monarchiques de ces puissances.

Rome et, après elle, la plupart des puissances continentales qui dictèrent dans l'Europe chrétienne les traités généraux, après avoir fondé les unités nationales, tendirent également à l'Empire : l'Angleterre, pendant la guerre de Cent Ans : l'Espagne et la France, pendant la guerre d'Italie ; l'Espagne, la France, l'Autriche, la Suède, pendant la guerre de Trente Ans ; la France soi-disant républicaine pendant les guerres de la Révolution.

Dans l'Emporocratie comme dans l'Empire, le problème politique de l'alliance impossible des deux principes de la monarchie et de la république, ou de l'oligarchie constitutionnelle et de la volonté populaire, est ajourné, mais non résolu, jusqu'au moment où les colonies échappent à l'Emporocratie, les conquêtes à l'Empire, et où le gouvernement est réduit au dualisme de sa vie intérieure, sans pouvoir bénéficier d'une diversion donnant au dehors un libre exercice aux volontés, une satisfaction aux énergies.

Nous avons assez défini, pour le moment, les termes de théocratie, de monarchie, de république, ainsi que les institutions représentatives et l'emporocratie : il ne nous reste plus qu'à définir l'Empire.

Empire

Son caractère monarchique spécial est de dominer à la fois plusieurs gouvernements, républiques ou royautés, plusieurs peuples et plusieurs races.

C'est ainsi que Walmik, le poète épique indien, nous représente Ram comme se servant de la forme politique impériale, afin de réaliser, par la suite, sa théocratie.

C'est ainsi, également, qu'Homère, dans une mesure beaucoup plus restreinte, nous représente son Agamemnon comme l'empereur de tous les rois et de tous les peuples de la Grèce.

C'est ainsi, enfin, qu'Alexandre, Jules César, Charlemagne, Charles-Quint et Napoléon Ier régnèrent sur les peuples, sur les races qu'ils conquirent et sur leurs gouvernements qu'ils se soumirent.

C'est ainsi qu'aujourd'hui, le gouvernement emporocratique d'Angleterre règne impérialement sur plusieurs races et sur plusieurs États d'Europe, d'Amérique, d'Asie, d'Afrique et d'Océanie.

Comme on le voit par ce qui précède, l'empire réel se prête, comme l'emporocratie et les institutions constitutionnelles, à des formes politiques extrêmement variées ; car, ayant à régir des dominations et des races multiples, il ne les unit sous son pouvoir qu'à la condition, soit d'en respecter jusqu'à un certain point les institutions propres, soit de déployer une force militaire qui exclut les bénéfices que l'État impérial a droit d'attendre de ses colonies.

Dans l'Europe actuelle, les autres gouvernements qui portent le titre d'Empire, le font d'une manière pour ainsi dire honorifique, mais sans caractère impérial réel, à l'exception de la Sublime-Porte et de l'Empire de Russie.

Toutes les formes de gouvernement que nous venons de caractériser se rapportent à l'une des trois grandes divisions de la vie sociale : Religion, Politique, Économie.

A la religion, se rapporte la théocratie, à la politique correspondent la république et la monarchie pures ou mixtes, à l'Économie répond enfin l'emporocratie.

Dans les annales du genre humain, c'est la théocratie pure qui apparaît le plus rarement, parce qu'elle exige, de la part de son fondateur, un génie, une sagesse, une science exceptionnels, des circonstances favorables très peu communes et des peuples assez éclairés pour la supporter.

Le longévité des gouvernements théocratiques est extrême.

L'Égypte, les Indes, la Chine de Fo-Hi, Israël même, malgré la lourde charge que lui fit porter à travers les siècles Moïse, en faisant des Hébreux les gardiens des sciences secrètes de l'antique unité, tous ces gouvernements vécurent plusieurs milliers d'années et donnèrent au monde tous les enseignements qui sont aujourd'hui le patrimoine commun de la civilisation.

Quoique ayant dans l'histoire une longévité moins longue, les royautés et les empires durent plus longtemps que les Républiques, qui dépassent rarement quelques siècles.

Cette différence dans la durée des États tient au plus ou moins de force que renferme leur principe de vie.

La sagesse et la science n'ont véritablement part au gouvernement des sociétés que dans la théocratie seule.

Dans la monarchie, l'énergie intellectuelle et morale du fondateur laisse toujours son œuvre livrée à tous les hasards, lorsqu'il n'est plus là pour la diriger : elle est à la merci de la faiblesse et de l'imbécillité des successeurs et, par suite, des factions et de la rentrée en scène du principe républicain.

Dans la république, le principe de vie est plus faible encore, bien que la volonté populaire, si bruyante et si mouvementée, puisse donner l'illusion de la force.

Le caractère de cette volonté est de se diviser incessamment contre elle-même, d'engendrer factions sur factions et de mettre sans cesse l'État en péril.

Aussi tout l'art des législateurs d'Athènes, de Rome, de Carthage et de Tyr consista-t-il, pour donner à leur œuvre quelques siècles de vie, à la doter, à l'entourer d'institutions empruntées à d'autres régimes que la république, et dont la grandeur suppléât, pour un temps, à l'incurable médiocrité politique des masses.

***

Nos lecteurs peuvent maintenant juger l'importance de l'œuvre poursuivie par M. de Saint-Yves. L'ignorance du gros public et même du public intellectuel touchant les *Missions* et leur auteur, prouve assez la modestie de ce dernier et montre qu'il n'a pas cherché dans la réclame une passagère confirmation de son autorité. C'est donc un devoir de justice que nous pensons remplir en faisant connaître de notre mieux un savant véritable, poursuivant laborieusement ses recherches et qui sera le premier étonné de voir ses travaux analysés et patronnés dans une publication.

On sait maintenant le parti qu'on peut tirer de la synarchie. Nous verrons dans la suite comment les chercheurs contemporains, suivant la voie indiquée par M. de Saint-Yves, ont pu annoncer la réaction démagogique dont les premiers effets se font actuellement sentir sous le nom d'anarchie.

*
* *

A la suite des travaux de Saint-Yves sur la synarchie, un groupe de chercheurs a résolument poursuivi la voie tracée par le maître et, après quatre années d'efforts, les résultats obtenus sont assez importants pour qu'on puisse en livrer les premières conclusions au public.

Rappelons encore une fois qu'il s'agit là de recherches d'un caractère tout scientifique, que le but à atteindre est d'établir d'abord une anatomie sociale positive, de passer de là à la physiologie sociale et d'aborder enfin la psychologie sociale. Ce travail demandait donc tout d'abord une analyse sérieuse des organes de la société, puis une synthèse des fonctions créées par ces organes, enfin la recherche des lois générales présidant à ces fonctions. Tout cela explique le temps nécessaire à une telle étude, qui a été poursuivie par MM. F.-Ch. Barlet, Julien Lejay et votre serviteur et qui ne sera terminée que dans quelques années.

Les anciens Égyptiens prétendaient posséder la loi d'organisation et de fonctionnement des sociétés. Ils l'ont prouvé en envoyant leurs initiés, Orphée, Lycurgue, Solon, Pythagore, organiser la Grèce ou ses colonies. De même Moïse a tiré d'Égypte l'organisation du peuple juif, organisation telle qu'elle a permis à l'esprit de race de résister à tout à travers les plus épouvantables cataclysmes. Aujourd'hui les assoiffés de réformes sociales réclament presque tous, soit une humanité nouvelle pour appliquer leurs projets, soit

une destruction totale des rouages sociaux actuellement existants. Ils sont d'accord pour détruire ; mais,
lorsqu'il s'agit d'édifier, on tâtonne, on prononce de
grandes phrases creuses. Le problème à résoudre ne
consiste pas à tuer le malade pour élever ses enfants
d'une façon nouvelle ; il consiste à guérir ce malade
en respectant ses organes et en rétablissant la santé
sociale, là où la putréfaction a déjà commencé ses ra-
vages. Que notre société soit en mauvaise santé, c'est
là un fait que la permanence de nos assises législa-
tives suffirait à prouver. Plusieurs chercheurs, M. Quæ-
rens (1), entre autres, ont même voulu caractériser
le diagnostic à porter. Dans une magistrale étude,
Jules Lermina (2) s'est fort bien efforcé de mettre à
jour le point de départ de nos malaises actuels. Tous
les efforts faits dans cette voie méritent donc d'attirer
l'attention du philosophe. Voyons rapidement les
grandes lignes des conclusions analytiques auxquelles
arrivent les continuateurs de la synarchie.

Le cadre de cette étude ne nous permet malheureu-
sement que de résumer rapidement la méthode employée, sans pouvoir aborder les voies de réalisation
immédiate et pratique fournies par cette méthode.

Les constructeurs de systèmes sociaux tirent leurs
déductions, ou de leur imagination, ou des enseignements de l'histoire, souvent même de la simple rou-
tine. Les chercheurs dont nous nous occupons en ce
moment prétendent n'avoir rien inventé. Ils se sont
efforcés de bien étudier les procédés employés par la
nature dans la construction de tout organisme et, con-
sidérant la société comme un organisme spécial, d'appliquer les lois de la vie à cet organisme spécial ; le
premier résultat de leurs efforts a été de constater
que tous les systèmes de gouvernement *qui fonction-*

(1) *Cachexie stercorale* (Paris, l'*Initiation*, 1893).
(2) *Ventre et Cerveau* (Paris, 1894, Chamuel).

nent répondent strictement à un organisme végétal ou animal plus ou moins perfectionné.

Encouragés par cette première preuve de la réalité de leurs recherches, ils ont analysé l'organisme humain et se sont efforcés d'appliquer à la société les lois générales en action dans cet organisme humain. Nous ne reviendrons pas sur les trois divisions générales : Ventre social ou Économie politique ; — Poitrine sociale ou Pouvoir ; — Tête sociale ou Autorité, qui constituent la base de toutes ces études et que nous allons toujours retrouver.

Voici tout d'abord les grandes divisions établies dans cette étude par F.-Ch. Barlet (1).

« La société est un *être vivant* composé d'êtres volontaires et responsables.

« Elle est sujette aux lois biologiques, mais sa volonté est plus maîtresse du fonctionnement physiologique que ne l'est l'être humain ; elle a la faculté de disposer même *des organes* sous sa responsabilité (2). »

Son étude est donc celle de toute biologie.

ANATOMIE	PHYSIOLOGIE OU BIONOMIE SUBJECTIVE	BIOLOGIE GÉNÉRALE BIONOMIE OBJECTIVE
—	—	—
Etude des organes d'un groupe social	Fonctionnement des organes du groupe social	Fonctionnement de l'humanité sociale
	CONSIDÉRÉ ISOLÉMENT	CONSIDÉRÉ DANS SON MILIEU	(Histoire et philosophie de l'histoire)
	—	—	
	Politique intérieure	Politique extérieure	

Pour mieux faire comprendre ces divisions, nous

(1) Pour détails, voir F.-Ch. Barlet : *Principes de sociologie synthétique* ; Paris, Chamuel, 1894.
(2) On sait que, chez l'homme, la marche du système de la vie organique (cœur et circulation ; foie et digestion ; grand sympathique et innervation) échappe à l'influence de la volonté. (P.)

allons donner quelques extraits concernant l'anatomie, la physiologie et même la pathologie sociales. Nous indiquons ainsi clairement le caractère de ces études.

Anatomie

Tout groupe social comprend donc :

1° *Des individus* (ses éléments constituants) : le corps ;

2° Une unité qui fait de ces éléments un être : *l'État.*

3° Des unités intermédiaires : familles et corporations ;

4° Et un lien entre les individus et les unités : le *Gouvernement*, dont la fonction est double :

A. Satisfaire les individus en tant qu'individus :

B. Les plier à l'État en tant qu'éléments. Donc réciproquement la fonction des individus est double :

A, Satisfaire l'État en tant qu'unité ;

B. Le plier aux besoins de l'élément individuel.

C'est le système Gouvernement qui est laissé à la liberté et à la responsabilité humaine (il a cependant des principes fixes qui peuvent et doivent guider).

Il en est ainsi comme dans le corps humain. Les individus sont les cellules. L'état est le corps entier. La santé dépend du Gouvernement que l'âme donne aux individus par l'état, aux cellules par le règlement hygiénique.

La Société, comme tout organisme supérieur, a *Corps, Ame* (spirituelle et intellectuelle), *Esprit* et *Volonté* libre pour régler le rapport de vie de ces trois systèmes ou conduite qui, en sociologie, a nom *Gouvernement.*

Son esprit, ce sont les principes qui la déterminent (*l'esprit public, la conscience publique,* selon l'expression vulgaire).

Son âme spirituelle, c'est *l'autorité,* la puissance spirituelle.

Son âme intellectuelle, c'est le *pouvoir,* ou plus nettement le pouvoir temporel (auquel correspondent les constitutions *a priori*).

Son corps, ce sont les groupements sociaux de divers genres (famille, tribu, commune, etc.) qui sont les organes ou les systèmes anatomiques, l'organisme social.

L'esprit et l'âme spirituelle qui appartient au monde abstrait n'ont pas de forme. Au contraire le pouvoir et les groupes sociaux sont essentiellement formels.

Physiologie

Comment le Gouvernement accomplit-il ses fonctions ?

Comme la volonté.

1° *Il reçoit les impressions* (lesquelles viennent des quatre éléments : indidivu, famille, corporation, ou de lui-même, de sa propre initiative) :

REMONTRANCES ; CAHIERS ; PÉTITIONS ; INITIATIVE

2° *Il délibère* d'après la conscience (grands hommes), ou l'intelligence, ou le sentiment (conquérants), ou la sensation (tyrans) :

D'OU LES CONSEILS DIVERS.

3° *Il ordonne* :

LOIS, DÉCRETS, ORDONNANCES, ETC.

4° *Il fait exécuter* :

Par exécution active (RÉALISATION PAR ADMINISTRATION) ;

Par exécution passive (CONTRAINTE) ;

— intermédiaire (MAGISTRATURE) ;

qui décide s'il y a lieu ou non à exécution.

Il doit donc y avoir :

Faculté de sensibilité et organes correspondants ;

— de délibération —

— d'ordonnance (autorité) —

— d'exécuter (pouvoir) —

La physiologie normale, la loi suprême du Gouvernement est :

1° Inspiration de l'autorité par l'esprit;

2° Consécration du pouvoir par l'autorité ;

3° Direction du corps par le pouvoir;

de sorte que le corps exprime l'esprit.

Mais cette voie est un idéal vers lequel la société marche en affectant successivement une importance exagérée à l'un des éléments : c'est ce qui fait l'évolution sociale.

Pathologie

Le trouble est apporté dans la Société :

1° Par *l'individualité* (la maladie vient de la cellule), individu isolé ou social.

C'est l'anarchie, la conspiration, l'usurpation, etc.

MODIFICATION DU POUVOIR.

2° Par le *changement de l'esprit public* (la maladie vient du moral).

MODIFICATION DE L'AUTORITÉ.

C'est la Révolution.

3° Par une *attaque de l'extérieur* (la maladie vient du milieu ambiant).

C'est la *guerre internationale* (qui sera, selon le groupe, entre familles, tribus, nations, peuples ou races).

Il est bien entendu que ces notes n'ont pour but que d'indiquer à l'esprit du lecteur la méthode employée, sans rien préjuger des résultats acquis. Mais cette méthode avait permis à l'auteur dont nous nous occupons, M. F.-Ch. Barlet, de donner, il y a deux ans déjà, dans une étude sur *l'Évolution de l'idée* (1 vol. in-18) des indications bien curieuses sur la période démagogique et de manifestation anarchique dans laquelle nous entrons. Voici un extrait de cet ouvrage :

« Telle est la vie totale, telle aussi la vie de détail, au sanctuaire, à l'école ou dans le peuple, à travers les siècles comme dans les petites périodes qui voient vivre et mourir un système économique, philosophique ou religieux. Partout vous verrez au début un homme ou un groupe d'hommes inspirateur ; avec lui se forme la période d'enfance, de foi, à laquelle succéderont celle d'analyse et celle de synthèse finale, sauf les accidents morbides ou mortels (1).

« Nous n'avons donc pas à nous préoccuper des fluctuations, des agitations, même les plus terribles, de l'école ou de la société, non plus que du sacrifice de vies individuelles demandé par la vie universelle ; ce n'est là que l'œuvre du Destin. Une seule pensée mérite nos soins : la réalisation de l'idéal dont l'involution a produit le mouvement auquel nous sommes libres d'assentir ou non par l'effort de nos volontés et de l'intelligence.

« Mais comment pouvons-nous réaliser l'idéal ; que pouvons-nous particulièrement à notre époque pour et par l'évolution de l'idée ?

« Pour le comprendre, il suffit de considérer quel moment de l'évolution notre siècle représente. C'est le temps que nous avons vu particulièrement critique, de l'analyse extrême, de l'extrême division, mitigée par une tendance à la Fédération. Pour la société, c'est l'enfance de la démocratie, menacée de la maladie démagogique. Pour la pensée publique c'est le positivisme matérialiste qui menace de la dissolution par l'épicurisme ou le scepticisme.

« Cependant, nous semblons avoir franchi déjà le point dangereux de ce cap, car, à l'école comme dans le public, nous tendons en toutes choses vers la synthèse, et

---

(1) Le philosophe V. Cousin n'a pas manqué de signaler ces phénomènes : « Partout, dit-il, où règne une grande religion, la base d'une philosophie est posée... ne nous lassons point de le répéter, la religion est le fond de toute civilisation ; c'est la religion qui fait les croyances générales... elle contient aussi la philosophie... là religion paraît seule d'abord ; puis de la religion sort la théologie, et de la théologie sort enfin la philosophie, etc... » (*Histoire générale de la philosophie*, p. 35 et 43).

c'est en elle qu'est notre salut, avec le but du mouvement que nous traversons.

« Nous n'avons donc à nous effrayer, ni des menaces d'anarchie sociale, ni des sombres désespé-
rances du nihilisme ; ce sont les produits nécessaires
de l'obscurité que le Destin nous condamne à traverser, souterrains qui nous conduisent, si nous sa-
vons les parcourir, aux splendeurs d'une science et
d'une organisation sociale inconnues depuis de longs
siècles.

« Tous nos efforts doivent être portés sur la concentration de nos forces de tous genres ; hors de l'école
par l'altruisme ou fraternité, qui consiste pour chacun
dans l'oubli de son individualité au profit de l'universalité ; à l'école, par la synthèse de toutes nos connaissances, l'achèvement dans la région des principes de
l'édifice que nous avons commencé d'asseoir sur la base
du positivisme, et pour lequel nous avons amassé un
trésor inappréciable de matériaux.

« Et comme, selon la belle expression de Charle-
« magne, s'il est *mieux de bien faire que de savoir, il faut*
« *cependant savoir avant que de faire* » ; comme, en dernière analyse, c'est l'idée qui mène le monde, il n'est rien
qui demande plus d'attention, plus d'efforts de notre
part que l'organe social de l'idée, de l'école. Là nous
avons à reconstruire, à ressusciter par nos efforts, à ramener vers son foyer d'origine l'unité occultée maintenant, descendue, disséminée dans les ombres du monde
sensible.

« Là, comme dans le monde, la première condition de
ce mouvement laborieux et grandiose, c'est l'oubli de
l'individualité pour l'unité ; par lui seul peuvent se réaliser les deux conditions premières de la science synthétique : l'union des trois principes dans la pensée,
afin d'éviter l'écueil mortel de la spécialisation, et
l'organisation hiérarchique de toutes les forces de
l'école, afin que la division du travail seconde la syn-

thèse par la concentration harmonieuse des volontés (1). »

C'est à cause de cette division à l'extrème, de cette
période d'anarchie morale autant que physique, que
nous avons à traverser, que les chercheurs qui se sont
occupés de sociologie n'ont voulu aborder que l'économie politique, c'est-à-dire l'étude du ventre, de la
partie la plus matérielle de la société. *M. Julien Lejay*
a fort bien mis au jour ces tendances dans quelques
articles remarquables, dont nous donnons ici un extrait.
Le lecteur y trouvera indiquées les lois réelles qui
conduisent à leur insu la plupart des grands « réformateurs » contemporains.

L'économie politique et la méthode synthétique

Le caractère dominant de tous les penseurs qui
s'occupent, soit d'économie politique, soit de sociologie, c'est de vouloir se rattacher exclusivement à un
principe d'action en niant *a priori* toute valeur aux
recherches de ceux qui se placent à un autre point de
vue qu'eux-mêmes.

Or, le maniement de l'analogie permet de considérer
synthétiquement les efforts de tous ceux qui ont
abordé la question et, par suite, de découvrir l'état
exact d'évolution des esprits, état tel que chacun de
ces réformateurs exclusivistes, croyant transformer
son époque, ne fait en somme que traduire passive-
ment les aspirations actuelles de cette époque..

Le premier devoir du synthétiste est donc de rechercher la *loi générale* qui a guidé et qui guide encore dans
leurs recherches et dans leurs conclusions les économistes et les écrivains socialistes de toute époque, et
de partir de cette *loi générale* pour traiter largement
la question.

L'homme individuel est incité par trois sortes d'as-

(1) F.-Ch. Barlet, *L'Évolution de l'Idée*, p. 160-161-162.

pirations : les aspirations sensuelles, les aspirations passionnelles et les aspirations intellectuelles. C'est en partageant équitablement ses forces entre ces trois incitations qu'il réalise la santé physique et morale.

L'homme qui s'abandonne tout entier aux plaisirs sensuels ne tarde pas à voir diminuer ses facultés intellectuelles, puis à tomber malade s'il continue. L'excès contraire, le travail excessif et exclusif des facultés intellectuelles, produit des résultats analogues. C'est dans l'équilibre que se trouve la véritable solution du problème.

Or l'homme collectif, la société ont les mêmes lois de santé et de maladie que l'homme individuel, analogiquement parlant, et il est curieux de constater que tous les systèmes de réforme sociale proposés sont exclusifs et tendent à subordonner tout à la satisfaction d'une seule des aspirations de la société.

Je pourrais vous montrer comment il existe une sociologie spiritualiste où tout est subordonné au bonheur de l'aristocratie, une sociologie rationaliste où tout est, au contraire, subordonné au bonheur de la bourgeoisie, enfin une sociologie sensualiste, où le peuple doit écraser toutes les autres classes et être satisfait à leurs dépens. Et chaque système prétend s'imposer seul, oubliant qu'il n'est pas d'homme composé seulement d'une tête, seulement d'un thorax et seulement d'un ventre, et que c'est, au contraire, par un échange équilibré entre les fonctions du cerveau, du cœur et de l'estomac que l'être humain subsiste.

Mais, bien mieux, dans chacun de ces systèmes sociologiques exclusifs, des subdivisions existent qui donnent naissance à des écoles diverses suivant que la morale, la politique ou l'économie sont considérées comme plus importantes à pratiquer, toujours exclusivement.

Ainsi, à l'heure actuelle, on en est à l'économie après avoir passé par les autres phases, et l'économie politique est considérée comme seule digne d'intérêt. Laissez-moi donc insister un peu sur ce point, et considérons ensemble les conclusions que chaque sectarisme pose suivant la façon dont il considère l'économie politique, abdomen de la société.

Ce n'était pas assez de vouloir inventer les êtres humains composés uniquement d'un ventre en subordonnant tout à l'économie; on a été plus loin et l'on a voulu subordonner tous les organes à l'un deux, de telle sorte que chaque école d'économistes prétend qu'un seul organe doit tout faire et que les autres ne servent à rien, en supposant même qu'ils existent.

Nous trouvons, en effet, une économie politique spiritualiste, une autre rationaliste, une autre sensualiste, et chacune prétend posséder exclusivement la vérité. — Naturellement. — Voyons un peu les détails.

La richesse émane de l'État, l'État est le créateur de la richesse, la valeur réside dans l'abstraction, c'est-à-dire dans la monnaie. Toutes les fonctions économiques doivent donc être subordonnées à l'État, créateur de la monnaie.

Voilà ce que disaient les partisans de l'économie politique spiritualiste, dont Law a été un des plus fameux représentants.

Vous vous trompez : *la richesse émane du travail*, l'homme est le créateur de la richesse, la valeur réside dans le travail, c'est-à-dire dans l'homme, disent les économistes rationalistes, dont Adam Smith, Say, Simon ont été et sont les brillants représentants.

Quelle erreur est la vôtre, clament à leur tour les économistes sensualistes, *la richesse émane de la nature*, la valeur réside dans les produits de la nature et non autre part. De là l'idée de l'impôt unique sur la propriété foncière, de là toutes les théories des agrariens et le succès colossal d'Henry Georges qui a formulé leurs aspirations.

Et ce qu'il y a de remarquable, c'est l'avènement de chaque école d'économistes au pouvoir, les écoles futures se manifestaient déjà, mais sous forme de protestations. C'est ainsi que Turgot et les *physiocrates* soutenaient il y a longtemps que la richesse émane de la nature à l'époque des économistes spiritualistes, tandis que les communistes de 1848, Babeuf, Fourier, Cabet, etc., soutenaient une thèse analogue en opposition des économistes rationalistes.

Vous me demanderez que fait le synthétiste, l'occultiste d'action, en présence de cette multitude de systèmes certains ? Il cherche à grouper ces divers principes pour en constituer un organisme social composé d'une tête, d'un thorax et d'un abdomen comme l'homme lui-même. Et, dans le cas actuel, puisqu'il s'agit d'économie politique, le synthétiste s'efforce de préciser le rôle de chacun des organes abdominaux de la société, représentés chacun par une école spéciale.

Synthétiquement donc tout est vrai ; il suffit d'approfondir la question et, surtout, d'éviter l'éclectisme, la plus grande des erreurs possibles.

Dans l'abdomen de l'homme il y a quelque chose *qui supporte* tout ce que le ventre renferme, c'est la matière organique constituant toutes les cellules. Mais ces cellules cesseraient vite leur fonction et mourraient si une autre chose, le sang et surtout l'oxygène qu'il apporte, ne venait pas les *animer*. Enfin, ces cellules auraient beau vivre que rien ne se produirait si une autre chose encore, l'incitation nerveuse, ne venait mettre tout cela *en mouvement*.

Et ces trois principes d'action, la matière première, la force animatrice et la force motrice, sont tellement liés et tellement nécessaires l'un à l'autre qu'on ne peut les concevoir agissant séparément.

Dans l'abdomen social (économie politique) la *matière première* produite par la nature supporte tout et forme la base sur laquelle s'appuient les autres actions ; mais le *travail* produit par l'homme vient donner la valeur à cette matière première, et enfin la *spéculation* dont est l'objet, cette valeur vient donner la plus-value et le mouvement aux autres principes.

C'est de la réaction *harmonique* de ces trois principes : Spéculation, Travail et Réalisation physique que résulte la santé de l'abdomen social.

*
* *

L'Occultisme contemporain

Pour nous rendre compte exactement des origines immédiates de l'occultisme contemporain, nous allons jeter un rapide coup d'œil sur l'état du mouvement en 1850. C'est à cette époque que la redécouverte et la diffusion dans le public des faits d'occultisme pratique qui constituèrent le magnétisme et le spiritisme obligèrent les centres d'initiation à commencer une campagne de propagande et à étendre beaucoup leurs cadres, pour éviter les dangers d'un mysticisme sans contrôle. D'autre part, la diffusion dans le peuple du matérialisme et de l'athéisme obligeait les occultistes à une lutte plus ardente que jamais. A cette époque, le représentant du courant de l'occultisme traditionnel fut l'abbé Constant, plus connu sous son pseudonyme d'Eliphas Lévi. C'est à l'auteur du *Dogme et Rituel de Haute Magie* qu'on doit l'intérêt que beaucoup d'esprits curieux portèrent, dès cet instant, à la Kabbale et à l'occultisme théorique. Wronski, Louis Lucas et d'autres avaient demandé à l'occultisme des voies d'adaptation, mais Eliphas, seul, se consacra à l'enseignement méthodique et à l'histoire de l'occulte. Le courant pythagoricien était alors représenté par les élèves de Fabre d'Olivet ; le Martinisme se continuait dans l'ombre avec Delaage et quelques initiateurs libres ; Eugène Nus posait les premières bases du mouvement spirite, qu'Allan Kardec (Rivail) devait bientôt réaliser ; le baron du Potet éveillait les âmes par ses

curieuses expériences, et tout annonçait une renais-
sance active de l'occulte. Vers 1882 paraît la *Mission
des Juifs* de Saint-Yves d'Alveydre, en même temps
toute une nouvelle génération d'élèves d'Eliphas :
Joséphin Péladan, Albert Jounet, Stanislas de Guaita,
poursuivent l'étude de l'occultisme scientifique. René
Caillié fonde la *Revue des Hautes Etudes*, dans laquelle
allait se révéler le plus métaphysicien des occultistes
contemporains : F.-Ch. Barlet. Cette revue était la
seconde tentative de diffusion active de l'occulte, la première avait été la *Magie*, revue publiée vers 1855 par
Alcide Morin. C'est à la même époque que Papus fut
délégué à la Réalisation par le Martinisme et qu'il
commença le groupement des forces individuelles.
Ce groupement fut d'abord commencé dans la revue
Le Lotus, dirigée avec une très grande autorité par
F.-K. Gaboriau. Les premières loges martinistes fonc-
tionnèrent de 1887 à 1889 à Montmartre, sous l'égide
de Poirel, et comptèrent parmi leurs initiateurs :
Guaita, Péladan, Papus et tous les occultistes jusque
là isolés. En 1889 est établi le Groupe indépendant
d'études ésotériques, qui devient le centre de recrute-
ment du Martinisme et compte bientôt des formations
dans toute l'Europe. En même temps, Papus fonde
la revue occultiste *l'Initiation*, qui n'a jamais cessé
de paraître depuis (1). De 1889, époque où un congrès
international avait groupé les délégués de 30.000 spiritualistes de toute école, à 1898, l'Ordre martiniste
constitua son Suprême Conseil de 21 membres à Paris
et s'étendit rapidement en Europe et en Amérique. Il
est temps de voir quelle est l'organisation de cet ordre,
qui représente le centre le plus puissant de diffusion
que l'occultisme possède à l'heure actuelle.

En tête de tous les papiers officiels de l'ordre, on
voit le nom kabbalistique du Christ, écrit en lettres

(1) Actuellement 5 chaussée d'Antin, Paris.

hébraïques. Le Martinisme se présente ainsi tout
d'abord comme une chevalerie chrétienne, constituée
en dehors de toute confession et surtout de tout cléricalisme. L'ordre poursuit la lutte contre le matérialisme et l'athéisme, et forme la porte d'entrée de la
plupart des sociétés initiatiques contemporaines. Son
organisation facilite du reste singulièrement la diffusion active des idées qu'il défend. Aucun membre ne
paye de cotisation, dans les loges françaises, non plus
que de droit d'entrée, tous les frais étant couverts
par les officiers. Le Suprême Conseil est représenté
dans chaque pays étranger par des délégués généraux et des délégués spéciaux auxquels la plus grande
initiative est laissée. A ces délégués sont rattachés
les loges et les groupes répandus dans chaque pays.
Aux États-Unis, les loges sont assez nombreuses pour
avoir formé un Conseil général sous la direction d'un
souverain délégué général. Mais ce qui donne au
Martinisme une puissance très grande de diffusion,
c'est son système d'initiateurs libres, n'étant rattachés
à aucun centre et ayant le pouvoir de conférer directement l'initiation. Ce système des initiateurs, fonctionnant d'après la loi de la génération des cellules, a été
créé au XVIII siècle par le Martinisme et a été suivi par
l'Illuminisme.

Outre l'Ordre martiniste, nous citerons encore, parmi
les sociétés occultistes importantes, l'Ordre kabbalistique de la Rose-Croix, dont les membres se recrutent
exclusivement à l'examen et qui forme des Bacheliers,
Licenciés et Docteurs en Kabbale, ces derniers devant
présenter une thèse originale. A cette organisation cor-
respond aussi l'École supérieure libre des sciences hermétiques, établie en 1897 par l'Ordre martiniste au 4,
rue de Savoie, à Paris, et qui délivre des cours et des
diplômes exclusivement à l'examen. Une cinquantaine
d'élèves suivent les cours. La faculté des occultistes
compte parmi ses professeurs : Paul Sédir, le secré-

taire de presque toutes les formations occultistes et le bras droit de Papus. Sédir est docteur en kabbale et Fr. Illuminé de la Rose-Croix, Serge Basset, un agrégé de l'Université, Sisera, le Dr Rozier, Jollivet-Castelot, délégué à la direction des études alchimiques. Presque tous les occultistes adoptent des pseudonymes, suivant en cela la règle des illuminés. La plupart de ces pseudonymes sont tirés du Nuctemeron d'Apollonius de Tyane. Le Conseil de perfectionnement de cette faculté comprend : Papus, le Dr Marc Haven, le Dr Rozier, Serge Basset, Sédir. Voici le programme des études de l'école.

PREMIER CYCLE

ADAPTATION

Adaptation astronomique : l'Univers.

I

Constitution de l'Univers d'après l'astronomie et d'après l'occultisme. Les trois mondes. Les trois plans. Les soleils et les planètes. Le Zodiaque.

Une planète, pour l'astrologue, comprend tout le système d'influence d'un espace dans le Zodiaque. Les sept sphères d'influence du soleil ont leur limite d'attraction.

Les planètes. Amitiés. Inimitiés. Correspondances.

Les 12 signes. Quadratures. Domiciles des planètes.

Influence réciproque des planètes et des signes.

Les maisons de l'horoscope.

II

Théorie de l'horoscope.

Conjonctions, oppositions, quadratures.

Dessin des horoscopes. Circulaires ou carrés.

III

Établissement des horoscopes individuels et collectifs.
Méthode onomantique.
Méthode astronomique.
Lecture des horoscopes.

LIVRES À ÉTUDIER. — 1º Agrippa, *Philosophie occulte*;
Michel de Figanière, *la Vie universelle*; Fomalhaut, *Astrologie*; Haatan, *Astrologie*; Papus, *Magie pratique*
(2ᵉ partie). — 2º Christian, *Histoire de la Magie, l'Homme rouge des Tuileries*. Selva, *Astrologie*.

Adaptation de la physique et des sciences naturelles.

L'Univers.

I

Les forces physiques et les lois d'évolution. Le Transformisme et ses clefs encore inconnues. Rôle de l'astral dans l'évolution et dans l'involution.

Les règnes minéral, végétal, animal, hominal.

Les êtres classés par éléments : Êtres de terre, d'eau, d'air et de feu.

Représentation des êtres d'un élément dans les autres éléments.

Organes classés par éléments. Anatomie et physiologie comparées.

II

La terre est un être vivant, sa physiologie.
Histoire naturelle de l'astral.
Les correspondances dans la nature

III

Psychométr...
Magie élémentaire...

Notions de théurgie. La prière.

LIVRES A ÉTUDIER. — 1º Louis Lucas, *Médecine nouvelle* ; Dr Fabre, *OEuvres sur les Sciences naturelles* ; Sédir, *Plantes magiques.* — 2º Lenoir, *Religion des Égyptiens* ; Michel de Figanière, *OEuvres.* — 3º Sédir, *Almanach du Magiste* (2e année). — Phaney, *Psychométrie, les Plantes Magiques.*

Adaptation chimique : l'univers.

I

Notions de chimie indispensables. Chimie inorganique et chimie organique.

Les poids atomiques. Corps simples et unités de la matière.

Lois de Mandeleef, études de Crookes.

Adaptation à l'alchimie. Qu'est-ce que le sel, le mercure et le soufre d'un corps ? Les quatre éléments et les quatre états de la matière. La quintessence.

Les outils de l'alchimiste. L'Athanor et ses adaptations modernes.

Le laboratoire et l'oratoire.

II

Rapports de l'alchimie et de l'astrologie.

Opérations alchimiques. Le grand OEuvre minéral, le grand OEuvre végétal et le grand OEuvre hominal.

Couleurs. 1re OEuvre. Multiplication. Projection.

Les noms donnés par les alchimistes aux corps chimiques actuels.

III

Premières opérations alchimiques.

Circulation par l'eau, par les acides, par l'alcool et par l'éther.

Distillation et filtration.

Décomposition des corps composés en sel, soufre et mercure.

Fermentations.

LIVRES A ÉTUDIER. — Louis Lucas, *la Chimie nouvelle*, *le Roman chimique* ; Poisson, *OEuvres* ; Jollivet Castelot, *OEuvres* ; Revue *l'Hyperchimie* ; Papus, *la Pierre philosophale* ; Barlet, *Chimie synthétique* ; Dr Marc Haven, *Arnauld de Villeneuve* ; Guaïta, *Chapitres sur l'Alchimie*. — 2º Glauber, *Theatrum chemicum*. — 3º Basile Valentin, *OEuvres* ; Strindberg, *OEuvres chimiques* ; Jacob, *Esquisse du Tout universel*.

Adaptation physiologique et psychologique : l'homme.

I

Éléments de physiologie synthétique : Constitution anatomique de l'homme, les trois usines :

Digestion. Circulation. Respiration. Innervation. Unité de la loi de circulation. Les centres nerveux et la psychologie.

Instinct et sensation. Sentiment et émotion. Idée et pensée.

II

Correspondances dans l'homme.

L'évolution des états de l'être humain.

Naissance. Vie et Maladies. Agonie. La Mort. Le Monde des Esprits. La Réincarnation.

III

Hygiène : Physique et intellectuelle. Le Régime et les Excitants (Expériences).

Arts divinatoires : Chirognomonie, Physiognomonie, Chiromancie, Graphologie, les Tempéraments.

LIVRES A ÉTUDIER : 1°. Malfatti de Montereggio, *la Mathèse*; Dr G. Encausse, *Physiologie synthétique*. — 2° Papus, *Comment est constitué l'être humain*. — 3° Papus, *la Magie pratique* (Introduction, 1re partie); Sédir, *Tempérament et Culture psychique*; D'Arpentigny, *Chirognomonie*; Desbarolles, *Chiromancie*; Polti et Gary, *la Théorie des Tempéraments*; Papus, *Chiromancie*.

Adaptation mathématique : le plan divin.

I

Les Nombres et les Formes. Rapports intimes.

L'Unité et la Multiplicité. De l'Unité au Multiple, et réciproquement.

Clef des quatre règles, du carré, des cubes et des racines.

Les Nombres et les Sons.

De l'Unité au Denaire avec les formes correspondantes.

Dynamique et Statique.

Études spéciales. L'Unité. Le Duel. Le Ternaire. Le Quaternaire. Le Quinaire. Le Senaire. Le Septénaire. Le Denaire. Le Duodénaire. Figures géométriques correspondantes.

II

Le Tarot et sa construction.

Clefs à 4, 7, 10, 16 et 22.

Les arcanes majeurs et les arcanes mineurs.

Études détaillées de 22 arcanes majeurs.

Études détaillées de 56 arcanes mineurs par les Quaternaires.

III

Application des Nombres à l'Histoire.

Éléments d'Onomancie.

Fonction providentielle des dates et des nombres.

LIVRES A ÉTUDIER. — 1º Euclide, *Livres d'Arithmologie*; Malfatti de Montereggio, *la Mathèse*; Jacob, *Tout universel*; Eckarthausen, *Études sur les nombres*; Saint-Martin, *Des Nombres*; Agrippa, *Philosophie occulte*; Éliphas Lévi, *Dogme*; Wronski, *Messianisme*; Lacuria, *Nombres*; Desbarolle (5ᵉ édit., in-8, Introd.); Papus, *Traité élémentaire*. — 2º Éliphas, *Dogme et Rituel Clef des grands Mystères*; Papus, *le Tarot*. — 3º Saint-Yves d'Alveydre, *l'Archéomètre*, *la Tradition cabalistique*, *la Mission des Juifs*; Christian, *l'Homme rouge des Tuileries*.

DEUXIÈME CYCLE

THÉORIE

Préparation : Éléments d'Hébreu et de Sanscrit.

L'Univers.

Constitution de l'univers. Les trois mondes.

Étude de chaque plan en lui-même.

Êtres, forces, idées du plan physique : les règnes.

Êtres, forces, idées du plan astral : élémentals et êtres astraux.

Êtres, forces, idées du plan divin : génies et envoyés.

Influence réciproque des différents plans.

Le physique dans l'astral et dans le divin, ou plan des corps.

L'astral dans le physique et dans le divin, ou plan des âmes.

Le divin dans le physique et dans l'astral, ou plan des esprits.

L'univers en marche. Hiérarchie des êtres planétaires. Création de l'univers d'après la traduction ésotérique du *Sepher Bereschit* de Moïse. Lois finales de l'univers.

L'homme.

L'homme individuel. — Sa constitution (principes);

Études de chaque principe : le corps, l'âme, l'esprit;

Forces occultes de l'âme. Leurs évolutions et leurs involutions;

Forces occultes de l'esprit. Leurs évolutions et leurs involutions. Réincarnation.

Phénomènes animiques et phénomènes psychiques de complémentarisme de chaque principe et de chaque individu.

L'homme et la famille. — Étude détaillée des complémentaires;

L'amour et ses mystères. Amour individuel, amour humain, amour de la collectivité humaine, amour divin.

Le pôle humain et l'instinct des complémentaires.

Notions d'embryologie, d'embryogénie et d'embryotechnie.

Passage de l'homme à la nature et de la nature à l'homme.

L'homme en collectivité. — Qu'est-ce que la société? Un organisme dont l'homme crée les organes (Barlet et Lejay).

Les lois de constitution sociale. Petites et grandes sociétés.

Évolution et involution des organes sociaux.

Histoire des traditions et des organes sociaux.

Sociétés patentes et sociétés occultes. Rôle des fraternités initiatiques.

La Divinité.

La Kabbale universelle. Constitution de Dieu. Sa personnalité indépendante de l'univers et de l'homme. Les trois personnes en l'unité divine.

Pourquoi les martinistes sont chrétiens et forment une chevalerie chrétienne laïque en dehors de tout cléricalisme. Ni matérialisme, ni panthéisme.

Les Sephiroth. Les 32 voies de la Sagesse et le *Sepher Ietsirah.*

Les noms divins.

Éléments d'hébreu.

La kabbale chrétienne. Action du Christ. Recherche de cette action.

Le plan divin et son étude spéciale.

Le royaume d'après *Pistis Sophia.*

La clef des Évangiles. Les envoyés du plan divin.

TROISIÈME CYCLE

RÉALISATION

L'Univers.

L'Univers en lui-même. — Étude pratique de certaines forces occultes. Le magnétisme dans l'Univers. Les trois courants : positif, négatif et neutre.

Le magnétisme vrai est la clef du grand œuvre minéral.

Essais pratiques de Palingénésie.

L'Univers dans ses relations avec l'homme. — Action des forces visibles et invisibles de l'Astral avec l'homme. Les écorces et les maladies. La Médecine universelle.

Le soleil noir et sa perception.

Le grand œuvre hominal. La prière et l'assistance des génies.

L'Univers dans ses relations avec Dieu. — Les forces divines dans l'Univers.

Les génies et les envoyés.

Les hiérarchies dans la Nature divine.

L'homme.

Relations de l'homme avec lui-même. — Rappel de la constitution humaine. Étude spéciale de psychologie. Les sensations, les sentiments, les idées, influences réciproques. Les sensations développent les idées, dont le germe seul est inné (Saint-Martin).

Constitution de l'Aura individuel.

Exercices pratiques de génération des idées-forces.

Études pratiques des réalisations sociales. Réforme des Sociétés.

Faire à autrui ce qu'on voudrait qu'on fît pour soi-même.

Faire ce qui coûte et non ce qui plaît.

Relations de l'homme avec la Nature. — Réalisation de la Nature dans l'homme. Évolution des forces naturelles par l'homme. Action sur les minéraux (grand œuvre), sur les végétaux et sur les animaux. Action sur les éléments et sur les Êtres astraux.

Les clichés astraux.

Relations de l'homme avec Dieu. — La notion de l'infériorité de l'Être humain par sa volonté perverse. Appel à l'action divine. Utilité et nécessité de la prière. Action de la prière sur les clichés astraux. Les chaînes de prière et les dangers des divers cléricalismes.

Exercices pratiques d'assistance des affligés.

ANNEXE DES COURS DE SOCIOLOGIE

HISTOIRE : de la Tradition ou Kabbale ; de la formation des Fraternités initiatiques jusqu'au XVIᵉ siècle ; de la Franc-Maçonnerie ; de l'alchimie et de l'hermétisme ; de l'astrologie ; des Sociétés patentes et occultes contemporaines.

LIVRES A ÉTUDIER : *Œuvres et Archéomètre* de Saint-Yves d'Alveydre.

La Divinité.

Cours de Mystique.

Dieu en lui-même. — Les personnes divines : *Vita*, *Verbum* et *Lux* (Lacuria).

Dieu dans ses relations avec l'homme. — La chute et la réintégration. Rédemption permanente par l'action du Christ. Union de ceux qui confessent le Christ, fils du Dieu vivant.

Action désastreuse des clergés sur la mentalité humaine. Danger du cléricalisme dans tous les plans.

Dieu dans ses relations avec l'Univers. — Réalisation des correspondances. Le symbolisme vrai. Action des noms divins et du Christ sur les Êtres visibles et invisibles dans tous les plans.

* *

La Société alchimique de France, dont Jollivet-Castelot est secrétaire général, poursuit surtout les études d'alchimie. Elle possède un organe : *l'Hyperchimie.*

Depuis 1898, tous les chefs des principales sociétés occultistes d'Europe et d'Amérique ont formé, sous le nom « d'Union idéaliste Universelle » une sorte de Fédération qui groupe les représentants de plus de 35.000 membres et qui compte des journaux et des revues dans presque toutes les langues. Nous citerons surtout : A Paris, l'*Initiation*, mensuelle, en France : l'*Hyperchimie*, mensuelle à Douai. En Norvège : *Frie Ord* et *Nordisk Frimurer Titenda* ; en Hongrie : *Sbornik pro filosofia okkultismus* et *Die Religion des Geistes.* En Italie : *Nuova Lux* à Rome, *Il Mondo Secreto* et *Supersienzia.* En langue anglaise : le *Light* à Londres, *Notes and Queries* à Manchester (Etats-Unis), *The Morning Star* à Louisville (Georgia), enfin dans la République Argentine : *Luz Astral* à Buenos-Ayres et, toujours en langue

espagnole, *La Nota Medica* à Madrid. En langue arabe :
El Hadirah à Tunis. Pour ne pas faire double emploi,
nous avons fait rentrer dans cette liste tous les périodiques occultistes rattachés à une école ou fraternité
initiatique de quelque importance, car, depuis le succès de ces idées, beaucoup de directeurs de petites
feuilles sans lecteurs se sont intitulés occultistes pour
avoir quelques lecteurs, et nous pourrions allonger
cette liste de quelques périodiques ne se rattachant
que par leur couverture à l'occultisme.

Nous ne parlerons pas non plus, autrement que pour
la citer, de la Société théosophique, rattachée surtout
à la tradition orientale, et qui ne touche que de fort
loin à l'occultisme traditionnel de l'Occident, qui, seul,
a fait le sujet de notre étude.

A côté de ces centres où l'occultisme est l'objet
d'études suivies et qui font des élèves consacrés par
l'examen, il existe des moyens indirects de propagande
qui favorisent des recrutements des écoles et des sociétés initiatiques. En première ligne, il faut placer
les recherches expérimentales poursuivies par quelques
expérimentateurs indépendants et qui viennent confirmer les théories occultistes. Déjà, en 1889 et 1890, le
groupe ésotérique avait confié la direction d'études de
ce genre à un ancien élève de l'École polytechnique,
M. Louis Lemerle, qui obtint de très intéressants résultats. Mais, depuis cette époque, les recherches de
M. de Rochas sont venues donner un essor considérable au mouvement, en montrant que l'expérience con-
firme sur presque tous les points la tradition occulte.
Enfin, quelques conférenciers mondains ont répandu,
dans les salons, le goût de ces études, et, comme ils
sont tenus en dehors de tous les centres exigeant des
examens et qu'ils ne connaissent, disent les occultistes,
ces questions que très imparfaitement, ils sont de précieux, bien qu'involontaires, agents de propagande
pour les centres réguliers.

Bibliographie. — Un sujet aussi vaste que l'occultisme demande une bibliographie très étendue, d'autant plus qu'il existe des volumes entiers rien que pour la bibliographie d'applications occultes, comme l'Alchimie ou la Kabbale. Aussi bornerons-nous notre ambition à la qualité et donnerons-nous surtout des renseignements sûrs et pratiques. A cet effet, nous allons débuter par une bibliographie méthodique, permettant d'étendre ou de vérifier les différentes questions traitées dans notre étude, dans l'ordre même où nous les avons énumérées.

PHILOSOPHIE

ELIPHAS LEVI. — Dogme et Rituel de la haute magie, la Clef des grands mystères. Paris, FÉLIX ALCAN, 1862, in-8.

FABRE D'OLIVET. — Histoire philosophique du genre humain (introduction, pour la psychologie. Paris, 1822).

Pour l'étude de l'analogie, MICHEL DE FIGANIÈRES, la Vie universelle et œuvres, passim.

Métaphysique des sciences, MALFATTI DE MONTEREGGIO, la Mathèse (Paris, 1850).

HISTOIRE DES RACES HUMAINES

FABRE D'OLIVET. — Vers dorés de Pythagore (1813). — De l'état social de l'homme (1822). — La Langue hébraïque restituée (1815).

DUTENS. — Découvertes des anciens attribuées aux modernes (1812).

MOREAU DE DAMMARTIN. — Traité sur l'origine des caractères alphabétiques (1839).

COURT DE GEBELIN. — Le Monde primitif.

SAINT-YVES D'ALVEYDRE. — Mission des Juifs (1884). — Mission des souverains. — Mission des Français.

ARNOLD. — Histoire de l'Eglise et de ses hérésies.

AUCLERC. — La Thréicie (an VII).

X... — Recherches sur les fonctions providentielles des dates et des nombres (1852).

SOCIÉTÉS SECRÈTES

CHABOSEAU. — Essai sur la philosophie bouddhique.

D' GIRGOIS. — L'Occulte chez les aborigènes de l'Amérique du Sud.

SCHURÉ. — Les Grands Initiés.

PAPUS. — Traité élémentaire de science occulte (5ᵉ édition, 1898).

BARON DE TSCHOUDY. — L'Etoile flamboyante (1766). — Le Tuileur des 33 degrés de l'Ecossisme (1813).

RAGON. — Tuileur général (1861). — Maçonnerie occulte (1853). — Rituels des divers grades.

MARCONIS. — Le Sanctuaire de Memphis (1849). — Le Rameau d'or d'Eleusis (1861). — Le Mentor des initiés (1864). — L'Hiérophante (1840).

Juge. — Hiérologues sur la Franc-Maçonnerie et l'ordre du Temple.

Kauffman et Cherpin.—Histoire philosophique de la Franc-Maçonnerie (1846).

M. Deschamps. — La Franc-Maçonnerie (1875). — Les Sociétés secrètes (1885).

Auber (abbé). — Histoire et Théorie du symbolisme religieux. 4 vol. in-8 (1884).

Neut (Armand). — La Franc-Maçonnerie.

Lenoir (Alexandre). — La Franche-Maçonnerie rendue à sa véritable origine (1814).

Eckert traduit par Cyr. — La Franc-Maçonnerie en elle-même et dans ses rapports avec les autres sociétés secrètes de l'Europe (Liège, 1859).

Comte Le Coulteux de Canteleu. — Les Sectes et les Sociétés secrètes (1863).

Guillemin de Saint-Victor. — Histoire critique des mystères de l'antiquité (Hispahan, 1788).

Clavel. — Histoire pittoresque de la franc-maçonnerie (1844).

Louis Lucas. — Acoustique nouvelle (1849). — Chimie nouvelle (1854). — Médecine nouvelle (1863).

Papus. — Le Diable et l'Occultisme (Broch., Paris, 1895). — Martinès de Pasqually. — 1 vol. in-8.

Claude de Saint-Martin.—Martinesisme et Martinisme (1900).

De Bock. — Histoire du Tribunal secret (Metz, 1801).

APPLICATION DES SCIENCES OCCULTES

Boulage. — Des Mystères d'Isis (Paris, 1820).

Hoené Wronski. — Le Messianisme ou Réforme du savoir humain.

Michon (abbé). — Système de graphologie. — Méthode pratique de graphologie.

Paracelse. — Liber Paramirum (Basileæ, 1570).—Les 40 livres des paragraphes (traduct. Savilly) (1631).

Kircher. — Arithmologia sive de occultis numerorum mysteriis (Rome, 1665).

ENCYCLOPÉDIES D'OCCULTISME

Agrippa. — Philosophie occulte (La Haye, 1727).

Kircher. — OEdipus Ægyptiacus (Rome, 1623, in-fol.).

Papus. — Traité méthodique de science occulte. In-8 de 1.200 p. (Paris, 1890).

STANISLAS DE GUAITA. — Le Serpent de la Genèse. 3 vol. in-8.

ELIPHAS LEVI. — Paris, 1890 à 1897. Œuvres, Paris, 1853, et Œuvres posthumes. Paris, 1886 à 1898.

OCCULTE EN GÉNÉRAL

DE FOIX DE CANDOLE. — Pymandre d'Hermès (Bordeaux, 1750).

DELAAGE. — La Science du vrai (1884).

AGRIPPA. — Philosophie occulte (La Haye, 1778).

J. CARDAN. — De la subtilité.

LACOUR. — Les Eloïm.

GAFFAREL. — Curiosités inouïes (1629).

J.-B. ROBINET. — Considérations philosophiques sur la gradation naturelle (1768).

HOENÉ WRONSKI. — Œuvres.

LANDUR. — Œuvres.

CLAUDE DE SAINT-MARTIN. — Tableau naturel (1783, Edimbourg. — Le crocodile. — Des nombres, 1861). — Esprit des choses. (Réédition de 1899 et 1901 chez Ollendorf).

DE SAINT-MARTIN. — L'Aurore naissante de Jacob Bœhm. — Des trois principes de Jacob Bœhm.

BALLANCHE. — Essai de palingénésie sociale.

LACURIA. — Harmonies de l'être (1847).

DE TOURREIL. — Religion fusionienne (1879).

LAZARE AUGÉ. — Notice sur Hoené Wronski (1865).

LEPELLETIER (de la Sarthe). — Traité complet de physiognomonie (1864).

MÉNARD (Louis). — Hermès Trismégiste (1867).

MAGIE

ELIPHAS LEVI. — Dogme et Rituel de haute magie. — Histoire de la magie. — Clef des grands mystères.

GOUGENOT DES MOUSSEAUX. — Magie au XIXᵉ siècle (1861).

MAURY. — Magie astrologique dans l'antiquité et au moyen âge.

Dʳ SALLAH BEN ABDALAH. — Le Magisme (1857).

SCHOTT. — Magie universelle, naturelle et artificielle.

PORTA. — Magie naturelle (1587).

DELRIO — Dissertations magiques.
Enchiridion du pape Léon.

CASTILLO. — Historia y magia natural (Madrid, 1692).

COLLIN DE PLANCY. — Dictionnaire infernal (1853).
PAPUS. — Traité élémentaire de magie pratique (Paris, 1892, in-8).

LA KABBALE

LENAIN. — La Science cabalistique (Amiens, 1823).
   Kabbala denudata (1864, Francfort).
   Sepher Jesirah (1) (1562, Mantoue).
   Artis cabalisticæ scriptores ex biblioth. Pistorii (1587).
PAPUS. — La Kabbale. 1 vol. in-8, Paris.
KIRCHER. — Œdipus Egyptiacus (Rome, 1663).
R. P. ESPRIT SABBATHIER. — L'Ombre idéale de la Sagesse universelle (1619).
GAFFAREL. — Abdita divinæ cabalæ mysteria (1625).
WELLING. — Opus mago-cabbalisticum veterum Sophorum. Sigilla et imagines magicæ (1752, Harenstadt).
PIC DE LA MIRANDOLE. — Conclusiones cabalisticæ.
REUCHLIN. — De Verbo mirifico. — De arte cabalistica Salomonis claviculæ et theosophia pneumatica (1686, Francfort).
ABENDANA. — Cuzari (Amsterdam, 1423).
LÉON L'HÉBREU. — Dialogues d'amour (traduit plusieurs fois en français).
FRANCK. — La Kabbale (1863).
MOLITOR. — Œuvres.
   M. LAFUMA, à Voyron (Isère) a fait traduire à ses frais et commenter le Zohar. L'impression en sera faite si un ou plusieurs amateurs s'entendent à cet effet ou si une Académie ou un Etat en prennent l'initiative.

ALCHIMIE

HŒFFER. — Histoire de la chimie (1866).
GAMBRIEL. — Cours de philosophie hermétique ou d'alchimie en 19 leçons (1843).
CYLIANI. — Hermès dévoilé (1832).
SALMON. — Bibliothèque des philosophies chimiques (1753).
LENGLET DU FRESNOY. — HOMERI de la philosophie hermétique.
AUREA CATENA. HOMERI. — Trois anciens traités de philosophie naturelle. Les 7 chapitres dorés par Hermès (1626).
JEAN DE MEHUN. — Le Miroir d'alchimie (1712).

_____

(1) Traduit en frais, par Papus.

KHUNRATH. — Amphitheatrum sapientiæ æternæ (réédité par Marc Haven).

P. LELORRAIN. — La Physique occulte (1693).

BASILE VALENTIN. — Les Douze clefs (1660).

L'Escalier des sages (1689).

Abrégé de la doctrine de Paracelse (1724).

Le Grand Olympe.

LEPELLETIER DE ROUEN. — L'Alkaest (1704).

Archives mytho-hermétiques (1780).

Clef du Grand Œuvre (1776).

GASTON LEDOUX. — Dictionnaire hermétique (1695).

FIGUIER. — L'Alchimie et les Alchimistes (1854).

ALBERT POISSON. — Théories et Symboles des alchimistes (Paris, 1890).

JACOB. — Esquisse du Tout Universel. — Description des Fourneaux alchimiques.

ASTROLOGIE

JEAN BELOT. — Œuvres (Liège, 1704).

O. FERRIER. — Jugements astrologiques sur les nativités (Lyon, 1582).

CHRISTIAN. — L'Homme rouge des Tuileries (1863). — Histoire de la magie (1870).

ANT. DE VILLON. — L'Usage des éphémérides (1624).

Speculum astrologiæ a Francisco Junctino (Lyon, 1581).

JULIUS FIRMINUS MATERNUS. — Traité des mathématiques célestes (Basileæ, 1551).

MORINUS. — Astrologia gallica (1661).

SELVA. — Œuvres astrologiques, 2 vol. in-8.

FLAMBART. — Influence Astrale, 1 vol. in-8°.

BRANCHES DIVERSES DE LA SCIENCE OCCULTE

PHYSIOGNOMONIE

CARDAN. — La Métoposcopie (1658).

J.-B. DE PORTA. — De humana Physiognomonia (Francfort, 1866).

DELESTRE. — Physiognomonie chez l'homme (1887).

SUCKA. — Physionomie chez l'homme (1877).

ONEIROCRITIE
(Jugement des songes).

SYNESIUS. — Traités sur les songes, commenté par Cardan.

J. THIBAULT. — La Physionomie des songes (Lyon, 1579).

A. Julian. — De l'art et jugement des songes (Lyon, 1579).
Gabdorrhamann. — Doctrine des songes selon les Arabes (1864).
Hervey de Saint-Denis. — Les Rêves et les Moyens de les diriger (1867).

CHIROMANCIE

La Chiromancie de Patrice Tricasse des Cerisais (Trad. de l'italien, Paris, 1583, in-8).
La Science curieuse ou Traité de chiromancie de Peruchio (1663).
Jean Belot. — Œuvres (Liège, 1704).
Desbarolles. — Mystères de la main (5e édition).
Papus. — Traité de chiromancie (*Ollendorf*, 1902).

ÉCRITURES OCCULTES

Trithème. — Polygraphie.
Trithème. — Sténographie.
Kircher. — Polygraphia.
Postel. — Linguarum duodecim characteribus differentium alphabetum (1538).
François Van Helmont. — Alphab. natur. hebraici delinea (Amsterdam, 1648).
Murner. — Logica memorativa (Strasbourg, Bruxelles, 1509).

DIVERS

Abbé de Villars. — Le comte de Gabalis (Amsterdam, 1715. — Paris, Revue *le Lotus*, 1887).
Becker. — Le Monde enchanté (1694). — Le Palais des curieux (1647).
Bodin. — Démonomanie.
Vincent (de l'Yonne). — Traité de l'idolâtrie chez les anciens et les modernes (1850).
Etteila. — Collections sur les hautes sciences (4 vol., 1785).
Guillaume de la Teyssonnière. — La Géomancie (Lyon, 1575).
Swedenborg. — La Clef des arcanes (1845). — Traité des représentations et des correspondances.

OCCULTISME CONTEMPORAIN

Éliphas Lévi. — Le Grand Arcane. — Le Livre des splendeurs. — Clefs majeures et clavicules de Salomon (Œuvres posthumes, Paris, 1896-98).

F.-Ch. Barlet. — Essai sur l'évolution de l'idée. — L'Instruction intégrale. — Principes de sociologie synthétique.

Barlet et Lejay. — Synthèse de l'esthétique. — L'Art de demain.

P. Sédir. — Les Tempéraments et la Culture psychique. — Les Miroirs magiques. — Les Incantations.

J. Péladan. — Œuvres.

De Rochas. — Les Etats profonds de l'hypnose. — Les Etats superficiels de l'hypnose. — L'Extériorisation de la sensibilité. — L'Extériorisation de la motricité (vol. in-8, 1894-98).

D. Marc Haven. — Arnaud de Villeneuve.

Jolivet-Castelot. — Comment on devient alchimiste.

Lermina. — Magie pratique. — A brûler.

Stanislas de Guaita. — La Clef de la magie noire.

A. Erny. — Œuvres philosophiques

REVUES

L'Initiation. — Revue philosophique de l'Occultisme, mensuelle (14e année), dirigée par Papus. (Ollendorf, 50, Chaussée-d'Antin, Paris).

La Thérapeutique Intégrale. — Revue mensuelle, consacrée à l'étude de la Médecine Hermétique. (Librairie du Panthéon, rue Soufflot).

Rose Alchemica l'Hyperchimie. — Revue mensuelle, consacrée à l'étude de l'Alchimie et de l'Hermétisme scientifique. (Bodin, 43, quai des Grands-Augustins, Paris).

CONCLUSION

Nous avons tenu à exposer la philosophie de l'occultisme aussi largement que nous le permettait notre cadre. Nous avons fait nos efforts pour donner au moins un aperçu rapide de toutes ces théories sur l'astral, sur le médiateur plastique et sur l'évolution de l'esprit, que beaucoup de critiques ne connaissent que par les déformations qu'en ont faites les auteurs des traités classiques et des encyclopédies. Mais il ne faut pas perdre de vue que les idées que nous avons peut-être mal résumées ont donné lieu à de très grands développements, que le chercheur avide de données certaines, doit consulter de préférence à cette trop hâtive étude.

On remarquera aussi que nous avons fait le possible pour ne pas sacrifier aux idées du jour.

Nous ne nous dissimulons pas en effet l'étonnement que les exposés sur la Terre considérée comme un être vivant, sur le Christ et la Rédemption, sur les facultés mystiques de l'être humain et sur la prière vont causer aux critiques imbus des idées scientifiques contemporaines, s'ils condescendent à jeter un coup d'œil sur ces pages.

Nous avons nous-même parcouru les diverses étapes de cette évolution intellectuelle qui conduit du matérialisme athée au panthéisme philosophique et de là au christianisme rationnel, dégagé de toutes les algues et de toutes les mousses cléricales.

Notre conviction en est d'autant plus ferme. On aura beau vouloir inventer des mots nouveaux, ou nier les faits psychiques les plus évidents, on sera obligé, en dernier ressort, d'en revenir aux théories de l'occultisme et à ses méthodes pour expliquer clairement et rationnellement les phénomènes de télépathie, de vision prophétique, d'actions psychiques à distance et d'extériorisation, qui deviendront de plus en plus certains et de plus en plus nombreux par la suite.

C'est dans cet espoir que, depuis plus de quinze ans, nous avons prodigué nos efforts pour lutter contre le matérialisme, d'une part, et le cléricalisme, de l'autre. Et ce fut grâce à l'appui que ces efforts ont pu trouver auprès d'amis et de camarades fidèles, que nous avons pu assister à la victoire partielle de nos idées.

Partout se fondent, en ce moment, des Sociétés d'Études Psychiques, des journaux de psycho-physiologie, des laboratoires d'expériences, destinés à jeter un peu de lumière sur ces faits troublants. C'est-à-dire que les milieux scientifiques ressentent enfin l'émotion que tous les spiritualistes s'efforcent de provoquer depuis plusieurs années.

En même temps, un de nos plus éminents maîtres, le marquis de Saint-Yves d'Alveydre, met la dernière main à cet *Archéomètre*, qui doit jeter une lumière synthétique si vive dans le chaos analytique contemporain.

Puis, nos sociétés, nos journaux, nos écoles progressent au delà même de nos espérances.

Les chercheurs, émus par les expériences faites dans les Sociétés psychiques; les esprits, troublés par la lecture des faits consignés par Camille Flammarion dans son livre sur *l'Inconnu*; les étudiants désireux de mieux connaître ces idées, nous font l'honneur de venir s'inscrire chaque jour plus nombreux, soit à la Société des conférences spiritualistes (1), soit à notre École hermétique, soit dans les formations de l'Ordre martiniste.

Aussi espérons-nous qu'à côté des critiques violentes que ne manqueront pas de provoquer les pages qui précédent, il se trouvera peut-être quelques âmes qui découvriront là le chemin qui mène au seul idéal qu'on puisse rechercher sur Terre : LA PAIX DU CŒUR par la certitude scientifique de la survivance et par la compréhension de la justice du Verbe dans tous les plans.

Tel est notre espoir.

PAPUS.

(1) Hôtel des Sociétés Savantes, 28, rue Serpente, Paris.

TABLE DES MATIÈRES

Pages

INTRODUCTION 3

CHAPITRE PREMIER. — PSYCHOLOGIE. — Situation de la
philosophie des occultistes devant le matérialisme et
la théologie. — Caractéristique de l'occultisme en
philosophie. — La psychologie de l'occultisme. —
Le corps astral montrant le passage de l'esprit (moi)
au corps (non-moi). — La constitution de l'être
humain en trois principes. — Analyse des principes
et adaptation psychologique et anatomique. — Constitution de l'être humain et analyse des autres
principes. — Le corps physique. — Le corps astral.
— L'être psychique. — L'esprit conscient 7

CHAPITRE II. — LOGIQUE. — La méthode ou logique
de l'occultisme. — L'analogie et les tableaux analogiques. — Constitution de l'univers. — Le macrocosme ou la nature 34

CHAPITRE III. — MÉTAPHYSIQUE. — La métaphysique
de l'occultisme. — Origine des idées. — Passage
du subjectif à l'objectif. — Le monde invisible et
le plan astral. — La magie et les facultés occultes
de l'être humain. — Les esprits et les forces occultes
de l'univers 50

CHAPITRE IV. — THÉODICÉE. — L'archétype et l'unité
divine. — Dieu personnel et existant individuellement en dehors de sa création. — La chute et l'origine du mal. — La Tri-Unité. — L'*Esthétique* et les
Symboles. — Le Sphinx et les Évangélistes 81

Pages.

CHAPITRE V. — MORALE. — La réincarnation et la loi morale. — Les phases de la mort et ses conséquences morales. — Création du corps spirituel par le corps physique et du corps astral par le corps spirituel, puis du nouveau corps physique par le nouveau corps astral.................................... 95

CHAPITRE VI. — LES TRADITIONS. — Chaque continent évolue sa flore, sa faune et sa race humaine. — La tradition lémurienne, les Atlantes, les Noirs, les Blancs. — Histoire ésotérique de la race blanche. — Ram. — La Conquête de l'Inde. — Reflux des Aryens vers l'Europe originelle. — Les Pasteurs. — Moïse et la Kabbale. — Influence des sociétés occultistes dans le monde profane. — Occultisme et philosophie 111

CHAPITRE VII. — LA SOCIOLOGIE ET L'OCCULTISME. — La synarchie. — Conception des gouvernements actuels. — République. — Monarchie. — Théocratie. — Institutions représentatives. — Empires. — Les continuateurs de la synarchie. — Anatomie. — Physiologie. — Pathologie. — L'économie politique et la méthode synthétique. — Bibliographie de l'occulte.................................... 130

CONCLUSION 184

18-2-02 — Tours, Imp. E. Arrault et Cⁱᵉ,